André Gide

La Porte étroite

좁은 문

1판 1쇄 발행 2020년 5월 18일

지은이 | 앙드레 지드
옮긴이 | 변광배
발행인 | 신현부

발행처 | 부북스
주소 | 04613 서울시 중구 다산로29길 52-15(신당동), 301호
전화 | 02-2235-6041
팩스 | 02-2253-6042
이메일 | boobooks@naver.com

ISBN 979-11-86998-91-5
ISBN 978-89-93785-07-4 (세트)

이 도서의 국립중앙도서관 출판예정도서목록(CIP)은 서지정보유통지원시스템 홈페이지
(http://seoji.nl.go.kr)와 국가자료종합목록 구축시스템(http://kolis-net.nl.go.kr)에서 이
용하실 수 있습니다. (CIP제어번호 : CIP2020018101)

부클래식

083

———

좁은 문

앙드레 지드

변광배 옮김

차례

M. A. G. 에게[1]

좁은 문으로 들어가도록 있는 힘을 다하여라.
— 〈누가복음〉 13장 24절

---

1 앙드레 지드의 아내인 마들렌 앙드레 지드(Madeleine André Gide)
의 약자. 지드의 사촌 누이였다.

1

다른 사람들이라면 이 이야기로 책 한 권을 썼을지도 모르겠지만, 내가 여기서 하고자 하는 이야기는 온힘을 다해 내가 겪었고, 또 내 기력을 소진시킨 이야기이다. 그런 만큼 나는 그 추억들을 아주 단순하게 써내려갈 것이다. 그 추억들이 부분 부분 단절되어 있다고 해도 나는 그것들을 꿰매어 맞추거나 연결하기 위해 아무것도 지어내지 않을 것이다. 그 추억들을 말쑥하게 치장하기 위해 노력을 기울이느라, 추억들을 이야기하면서 내가 얻고자 하는 마지막 즐거움을 빼앗길 것이기 때문이다.

아버지를 여위었을 때 나는 열두 살이 채 안 되었다. 아버지가 의사로 일하셨던 르아브르[2]에서 더 이상 체류할 이유가 없어

---

2 프랑스 북부에 있는 항구 도시.

진 어머니는, 내가 교육을 더 잘 받을 수 있으리라는 생각에 파리로 가서 살기로 결정하셨다. 어머니는 뤽상부르 공원 근처에 있는 작은 아파트를 세내셨고, 미스 애슈버턴이 우리와 함께 살면서 일을 돌봐주었다. 친척이 없었던 미스 플로라 애슈버턴은 처음에는 어머니의 가정교사였다가 나중에는 말벗이 되었고 곧 친구가 되었다. 나는 똑같이 온화하고 똑같이 슬픈 모습을 한 두 여인 곁에서 어린 시절을 보냈다. 지금도 나는 항상 상복 차림을 한 두 여인의 모습이 떠오른다. 어느 날, 아버지가 돌아가신 후 꽤 시간이 지난 후의 일로 생각되는데, 어머니가 아침에 쓰는 모자에 검은 리본 대신 연보라색 리본을 다신 것을 보고 나는 소리쳤다.

"아, 엄마! 그 색깔은 엄마한테 어울리지 않아요."

그 다음날, 어머니는 다시 검은 리본을 다셨다.

나는 허약한 체질이었다. 내가 아프지 않도록 어머니와 미스 애슈버턴는 늘 마음을 쓰셨다. 두 분의 걱정에도 내가 게으름뱅이가 안 된 것은, 정말로 공부에 흥미가 있었기 때문이었다. 초여름의 좋은 날씨가 시작되자마자 두 분은 도시가 나를 창백하게 만드니, 도시를 떠날 때가 되었다고 설득하시곤 하였다. 그래서 6월 중순쯤이면 뷔콜랭 외삼촌이 매년 여름마다 우리를 맞아주신 르아브르 근교의 퐁그즈마르로 떠나곤

했다.[3]

별로 크지도 아름답지도 않은 정원, 노르망디 지방의 다른 많은 정원들에 비해 별로 특별한 것도 없는 정원 속에 있는 뷔콜랭 가(家)의 하얀 3층 집[4]은 18세기의 허다한 시골집들과 비슷했다. 이십 여 개의 커다란 창문들이 동쪽 앞뜰을 향해 나 있었다. 뒤쪽으로는 그만큼의 창문들이 있었지만, 양옆에는 하나도 없었다. 창문에는 작은 정사각형 유리들이 끼워져 있었다. 그중 최근에 갈아 끼운 몇 장은 주위의 흐릿하고 오래된 녹색 유리들 틈에서 아주 밝게 드러나 보였다. 또 어떤 유리창들에는 어른들이 '거품'이라 부르는 흠집이 있었는데, 그것들을 통해 보면 나무가 뒤틀려 보이거나 그 앞을 지나가는 우편배달부에게 갑작스럽게 혹이 달려 보이기도 했다.

직사각형의 정원은 담으로 둘러싸여 있었다. 집 앞쪽에는 꽤 넓고 그늘진 잔디밭이 펼쳐져 있고, 모래와 자갈이 깔린 보도가 잔디밭을 에워싸고 있었다. 그 옆으로는 담이 낮아 정원 주위를 둘러싼 농가 마당과 건물들을 들여다볼 수 있었다. 이 고장 특

---

3 원문에는 현재 시제로 되어 있다. 불어에서 과거를 회상하면서 마치 지금 눈앞에서 펼쳐지는 것처럼 생생하게 표현하는 경우에 '역사적 현재(présent historique)'가 사용된다. 이 작품에서는 이런 현재가 몇 차례에 걸쳐 사용되고 있다. 여기서는 과거 시제로 옮기기로 한다.

4 뒤에서 알리사의 방이 4층에 있다고 묘사되고 있다. 착오로 보인다.

유의 방식에 따라 농장은 너도밤나무가 길게 늘어선 길로 경계를 이루고 있었다.

집 뒤편 서쪽으로는 정원이 훨씬 넓게 트여 있었다. 꽃들이 만발한 오솔길은 과일을 받치는 남쪽 지주 울타리를 따라 나 있었고, 장막처럼 펼쳐진 포르투갈 산(産) 계수나무들과 나무 몇 그루가 바닷바람을 막아주고 있었다. 북쪽 담을 따라 나 있는 또 다른 오솔길은 울창한 나무 가지들 아래로 사라졌다. 내 외사촌 누이들은 그 길을 '어두운 오솔길'이라고 부르곤 했는데, 저녁 어스름이 지나면 좀처럼 그 길로 들어서려 하지 않았다. 두 오솔길은 채소밭으로 통했고, 채소밭은 다시 몇 계단 아래 낮은 곳에서 정원으로 이어졌다. 그리고 채소밭 아래에 비밀 걸쇠가 있는 조그만 문이 담 반대편 잡목 숲으로 이어졌고, 너도밤나무 가로수 진입 도로는 좌우 양쪽을 따라 그곳까지 닿아 있었다. 서쪽의 현관 층계에 서면 그 작은 숲 너머로 고원이 보이고, 그 고원을 뒤덮은 농작물에 감탄사가 저절로 나왔다. 지평선 위로 그다지 멀리 펼쳐지지 않은 곳에 작은 마을의 교회가 보이고, 바람이 잔잔한 저녁에는 몇몇 집에서 연기가 피어오르곤 했다.

아름다운 여름 저녁마다 우리는 저녁 식사 후에 '아래쪽 정원'으로 내려가곤 했다. 작은 비밀 문을 지나서 곧 주변 경치가 잘 보이는 가로수 길가의 벤치까지 가곤 했다. 바로 그곳, 폐광

이 된 이회토(泥灰土) 채취장의 초가지붕 가까이에 있는 벤치에, 외삼촌과 어머니 그리고 미스 애슈버턴이 종종 앉아 있곤 했다. 우리 앞에 있는 작은 계곡에는 안개가 자욱했고, 멀리 있는 숲 위로 하늘이 금빛으로 물들어 갔다. 그런 후에도 우리는 이미 어두워진 정원 안쪽에 늦게까지 남아 있곤 했다. 다시 집에 돌아오면 거실에 있는 외숙모를 볼 수 있었다. 외숙모는 단 한 번도 우리와 함께 산책을 나간 적이 없었다……. 우리 아이들에게는 이것으로 하루 일과가 끝나는 것이었다. 하지만 우리가 종종 방에서 책을 읽고 있을 때면 어른들이 저녁 늦게 계단을 올라오는 소리를 듣기도 했다.

하루 중 정원에서 보내는 시간을 제외한 거의 모든 시간을 우리는 '공부방'에서 보냈다. 외삼촌의 서재인 그곳에는 초등학생용 책상 몇 개를 비치해 놓았다. 사촌 동생 로베르와 나는 나란히 앉아 공부했다. 우리 뒤에는 쥘리에트와 알리사가 앉았다. 알리사는 나보다 두 살 위였고, 쥘리에트는 한 살 아래였으며, 로베르는 우리 넷 중에서 제일 어렸다.

여기서 내가 쓰고 있는 것은 나의 어린 시절의 추억들에 대한 설명이 아니라 이 이야기와 관련이 있는 것들에 대한 설명뿐이다. 이 이야기가 시작되는 것은 정확히 아버지가 돌아가신 해부터라고 할 수 있다. 어쩌면 상을 당해서, 또 나 자신의 슬픔이 아니라면 적어도 어머니의 슬픔을 지켜보아서, 나의 감수성은 지나치게 자극 받아 이번에는 새로운 감정이 불러일으켜졌고, 그 결과 나는 상당히 조숙해졌다. 그런 만큼 그 해 우리가 퐁그즈마르에 다시 갔을 때 내 눈에 쥘리에트와 로베르가 퍽 어리게 보였다. 하지만 알리사를 다시 보았을 때 우리 두 사람이 더 이상 어린애가 아님을 나는 갑자기 깨달았다.

그렇다, 아버지가 돌아가신 바로 그 해였다. 우리가 도착한 직후 어머니와 미스 애슈버턴이 나눈 대화가 내 기억을 확인시켜준다. 두 분이 이야기하고 있었는데 내가 방에 불쑥 들어갔던 것이다. 외숙모에 대한 이야기였다. 어머니는 외숙모가 상복을 입지 않았다고, 상복을 벌써 벗어버렸다고 역정을 내셨다(사실을 말하자면 내가 검은색 옷을 입은 뷔콜랭 외숙모를 상상하는 것은 유채색 옷을 입은 어머니를 상상하는 것만큼이나 불가능하다). 내가 기억하는 한, 우리가 도착하던 날 뤼실 뷔콜랭은 모슬린 옷을 입고 있었다. 언제나 그렇듯이 중재자인 미스 애슈버턴이 어머니를 진정시키려 애썼다. 미스 애슈버턴은 자신 없게 주장했다.

"어쨌든 흰색도 상복이잖아요."

"아니, 그럼 그녀가 어깨에 두른 빨간색 숄도 '상복'이라 할 거예요? 플로라, 당신은 내 화를 돋우고 있어요!" 어머니가 소리쳤다.

나는 여름방학 동안에만 외숙모를 볼 수 있었다. 외숙모는 늘 투명하고, 목이 깊이 파인 가벼운 윗옷을 입고 있었는데, 분명 더위 때문이었을 것이다. 하지만 외숙모가 드러난 어깨 위에 걸치던 숄의 강력한 색깔보다도 어머니의 기분을 더 상하게 한 것은 가슴을 훤히 드러낸 그녀의 옷차림이었다.

뤼실 뷔콜랭은 대단한 미인이었다. 내가 간직하고 있는 외숙모의 작은 초상화에는 당시 그녀의 모습이 그대로 담겨 있다. 자기 딸들의 맏언니로 여겨질 만큼 젊은 모습으로 비스듬히 앉아 늘 하던 것처럼 왼손으로 턱을 괸 채 애교스럽게 새끼손가락을 입가 쪽으로 살짝 구부리고 있다. 굵은 머리 망사가 목덜미 위로 반쯤 내려와 있는 곱슬머리 다발을 감싸고 있고, 윗옷의 가슴 패인 부분에는 검정 벨벳으로 된 느슨한 목 리본에 달린 이탈리아식 모자이크 메달이 매달려 있다. 커다란 매듭이 달랑거리는 검은색 벨벳 허리띠, 의자 등받이에 끈으로 매달아 늘어뜨린 챙이 넓고 부드러운 밀짚모자, 이 모든 것이 외숙모를 한결 앳되 보이게 해 준다. 아래로 늘어뜨린 오른손에는 덮은 책이 한 권 들려 있다.

뤼실 뷔콜랭은 서인도 식민지 태생이었다. 외숙모는 자기 부모가 누군지 모르거나 아주 일찍 부모를 여의었다고 했다. 후에 어머니가 들려주신 바로는, 그녀가 버려졌거나 혹은 고아였을 당시 아직 아이가 없던 보티에 목사님 부부가 그녀를 거두었고,

그들이 마르티니크 섬[5]을 떠나면서 당시 뷔콜랭 일가가 정착해 있던 르아브르로 데려왔다는 것이었다. 보티에 집안과 뷔콜랭 집안 사이에는 빈번한 왕래가 있었다. 그 당시 외삼촌은 외국 지점 은행에 근무하고 있었기 때문에 그가 어린 뤼실을 처음본 것은, 가족과 머무르기 위해 집으로 돌아온 때인, 3년이 지난후였다. 외삼촌은 뤼실에게 반해 당장 구혼했고, 그로 인해 외할아버지, 외할머니와 어머니는 꽤 걱정했다고 한다. 그 무렵 뤼실은 열여섯 살이었다. 그 동안 보티에 부인은 두 명의 자식을 낳았는데, 매달 점점 야릇하게 굳어져가는 이 양녀의 성격이 자기 아이들에게 끼칠 영향이 두려워지기 시작했다. 게다가 그들의 살림도 넉넉지 못한 편이었다…… 이 모든 것은 보티에 목사님 부부가 외삼촌의 구혼을 기꺼이 받아들인 이유를 설명하면서 어머니가 해주신 이야기다. 젊은 뤼실이 두 사람을 아주 곤란하게 만들기 시작했을 거라고 나는 짐작했다. 르아브르 사회를 잘 알고 있는 나로서는 사람들이 그토록 매혹적인 처녀를 어떻게 대했을지 쉽게 상상이 갔다. 후에 내가 보티에 목사님을 알게 되었는데, 그분은 온화하셨지만, 동시에 신중하고 어수룩하기도 해서 속임수에 대해서는 속수무책이셨고, 악한 행동에도 완전히 무기력하셨다. 이런 훌륭한 분은 아마 틀림없이 궁지

5 1635년에 프랑스령이 된 서인도 제도의 섬.

에 몰리셨을 것이다. 보티에 부인에 대해서는 나는 아무런 얘기도 할 수 없다. 부인은 넷째 아이, 나와 나이가 거의 같고, 후일 나와 친구가 된 아이를 낳던 중 세상을 떠났기 때문이다.

뤼실 뷔콜랭은 우리의 삶에 거의 끼어들지 않았다. 외숙모는 점심 식사 시간이 지나서야 방에서 내려왔다. 그런 다음 곧장 소파나 그물 침대로 가 거기서 저녁까지 누워 있다가 이전과 마찬가지로 나른한 듯이 일어나곤 했다. 이따금 그녀는 마치 땀이라도 훔치려는 듯 전혀 물기가 없는 이마에 손수건을 갖다 대곤 했다. 나는 그 손수건의 뛰어난 품질과 꽃향기라기보다는 과일 향기 같은 냄새에 매료되곤 했다. 그녀는 가끔 여러 가지 물건들과 함께 시곗줄에 매달려 있는, 매끄러운 은 뚜껑이 붙은 작은 거울을 허리춤에서 꺼내곤 했다. 그녀는 거울을 보면서 손가락 하나를 입술에 대고 침을 조금 묻혀 눈가를 적시기도 했다. 그녀는 자주 손에 책을 들고 있었지만 책은 거의 덮여 있었고, 책장 사이에는 거북 등껍질로 된 책갈피가 끼워져 있었다. 그녀 곁으로 사람이 다가가도 그녀는 몽상에 빠져 눈을 들어 그 사람이 누군지 보려고 하지 않았다. 종종 무심하거나 나른해진 그녀의 손에서, 또는 소파 팔걸이에서, 또는 치마의 주름 사이에서, 손수건이나 책이 아니면 꽃이나 서표 같은 것이 바닥에 떨어지기도 했다. 어느 날, 책을 집어 들다가 — 지금 어린 시절의 추억

을 얘기하는 것이다 ─ 그것이 시집임을 알고 나는 얼굴을 붉혔
다.

식사가 끝난 저녁 시간에도 뤼실 뷔콜랭은 가족들이 모여
있는 테이블에 오지 않고, 피아노 앞에 앉아 쇼팽의 느린 마주
르카를 잔잔하고 즐겁게 연주하곤 했다. 때때로 그녀는 마디나
늘임표 한 가운데서 벗어나 한 화음을 누른 채 꼼짝 않기도 했
다…….

나는 외숙모 곁에 있으면 야릇한 거북함, 일종의 찬탄과 두
려움이 섞인 혼란스러운 감정을 느꼈다. 어쩌면 막연한 본능으
로 그녀에 대한 경계심이 들었던 것 같다. 게다가 나는 그녀가
플로라 애슈버턴과 어머니를 무시하고, 미스 애슈버턴은 외숙
모를 두려워하고, 어머니는 외숙모를 좋아하지 않는다고 느꼈
다.

뤼실 뷔콜랭, 이제 나는 더 이상 당신을 원망하고 싶지 않습
니다. 또한 당신이 내게 얼마나 큰 잘못을 했는지도 잠시 잊고
싶습니다…… 적어도 나는 어떠한 분노도 없이 당신에 대해 얘
기해보고자 합니다.

그해 여름 어느 날 ─ 혹은 그 이듬해 여름이었나, 언제나 똑
같은 배경에서 내 기억들이 가끔 겹쳐지며 혼동을 일으키는 까

닭이다 — 내가 책 한 권을 찾으러 응접실로 들어갔는데 외숙모가 거기 있었다. 나는 곧장 돌아 나오려 했다. 평소에는 나를 거들떠보지도 않는 것처럼 보이던 외숙모가 나를 불렀다.

"왜 그렇게 빨리 도망치려 하니? 제롬! 내가 무서워?"

두근거리는 가슴을 안고 나는 외숙모에게 다가갔다. 나는 억지로 미소를 지어 보이며 손을 내밀었다. 외숙모는 한 손으로 내 손을 쥐고 다른 손으로 내 뺨을 쓰다듬었다.

"네 엄마는 어쩌면 이렇게 옷을 흉하게 입히니…… 가엾은 녀석!"

그때 나는 커다란 깃이 달린 세일러복 같은 것을 입곤 했는데, 외숙모가 그 옷을 잡아당기기 시작했다.

"세일러복 깃은 좀 더 젖혀야 하는 거야!" 외숙모가 내 셔츠의 단추 하나를 풀면서 말했다.

"자, 보렴! 이게 훨씬 더 낫지 않니?" 그러면서 작은 거울을 꺼내 보이더니, 그녀는 맨살이 드러난 팔을 내 목에 두르며 내 얼굴을 자기 얼굴 가까이 끌어내려 반쯤 열린 내 셔츠 안으로 손을 넣고 웃으면서 내가 간지러움을 타는지 물어보더니 손을 점점 아래로 내리는 것이었다…… 내가 너무도 놀라 갑자기 펄쩍 뛰는 바람에 세일러복이 찢어졌고, 내 얼굴은 홍당무가 되어 달아나는데, 외숙모가 이렇게 소리쳤다.

"어머! 이런 바보 녀석!" 그 틈에 나는 달려 채소밭 안쪽까지 달아났다. 거기서 나는 조그만 빗물 통에 손수건을 적셔 이마에 대고, 뺨이며 목이며 할 것 없이 외숙모가 만졌던 모든 곳을 문지르고 닦아냈다.

어떤 날에는 뤼실 뷔콜랭이 '발작'을 일으키기도 했다. 그녀의 발작은 갑자기 일어나 집 안을 온통 뒤집어 놓았다. 미스 애슈버턴이 부리나케 애들을 데리고 나와서 주의를 다른 곳으로 돌렸지만, 침실이나 응접실에서 나오는 끔찍한 외침 소리를 못 듣게 막을 수는 없었다. 정신이 나간 외삼촌이 수건과 화장수, 에테르 등을 찾으러 복도를 달려가는 소리가 들려왔다. 저녁이면 외숙모가 아직 모습을 나타낼 수 없는 곳인 식탁에서, 외삼촌은 수심 가득한 늙은 얼굴을 하시곤 했다.

발작이 거의 진정되면 뤼실 뷔콜랭은 아이들, 로베르와 쥘리에트를 자기 곁으로 불렀다. 하지만 알리사를 부른 적은 한 번도 없었다. 이런 우울한 날이면 알리사는 자기 방에 틀어박혔고, 이따금 외삼촌이 그녀를 보러 가곤 했다. 외삼촌은 알리사와 자주 대화하곤 했기 때문이다.

외숙모의 발작은 하인들에게도 큰 충격을 주었다. 어느 날 저녁에는 발작이 유난히 심했다. 응접실에서 일어나는 소리가 잘 들리지 않는 어머니 방에 꼼짝 말고 있으라는 지시를 받고 나는 어머니와 같이 있었는데, 하녀가 복도를 뛰어가며 큰 소리로 외치는 소리가 들렸다.

"주인님, 주인님, 빨리 내려오세요. 불쌍한 마님께서 돌아가셔요!"

외삼촌은 알리사의 방에 올라가 계셨다. 어머니가 외삼촌을 부르러 가셨다. 15분 후에, 내가 있던 방의 열린 창문 앞을 두 분이 무심코 지나가며 말하셨는데, 그때 어머니의 목소리가 들렸다.

"내가 말해 볼까? 이건 전부 다 연극이야." 어머니는 몇 번이나 음절을 끊으면서 '연. 극.'이라고 말씀하셨다.

이 일은 우리가 상(喪)을 당하고 2년 후, 방학이 끝나갈 무렵에 발생했다. 나는 그 후 오랫동안 외숙모를 다시 보지 못할 터였다. 하지만 우리 집안에 엄청난 그 슬픈 사건과, 그 사건의 결말이 나기 직전에 일어났던 사건, 즉 내가 뤼실 뷔콜랭에 대해 품었던 복잡하고 모호한 감정을 지독한 증오심으로 바꾸어 버린 한 작은 사건을 이야기하기 전에, 지금은 내 외사촌 누이에 대해 이야기할 때다.

알리사 뷔콜랭이 예쁘다는 것을 나는 미처 알아차리지 못하고 있었다. 나는 단순한 아름다움의 매력과는 다른 매력에 매료되어 그녀 곁을 떠나지 못했다. 분명 그녀는 자기 어머니를 많이 닮았다. 하지만 알리사의 눈매가 전혀 다른 표정을 띠고 있어서 모녀가 서로 닮았다는 사실을 나는 훨씬 나중에서야 깨닫게 되었다. 나는 지금 알리사의 얼굴을 묘사할 수 없다. 얼굴의 윤곽과 눈동자의 색깔마저도 떠오르지 않는다. 내게 떠오르는 것이라고는 벌써 슬픔이 서린 그녀의 미소와, 커다란 활모양을 이루며 유별나게 눈과 멀리 떨어져 있는 눈썹의 선뿐이다. 나는 그런 눈썹을 어디에서도 본 적이 없다…… 단테 시대에 만들어진 피렌체의 작은 동상에서 말고는…… 나는 어린 베아트리체[6]도 그처럼 커다란 활모양 눈썹을 가졌을 거라고 즐겨 상상했다. 그 눈썹으로 인해 알리사의 시선은, 그녀의 존재 전체에 불안하면서도 동시에 신뢰하는 듯한 질문의 표정, 그렇다, 열정적인 질문의 표정을 보였다. 그녀에게는 모든 것이 질문이고 기다림일 뿐이었다…… 이런 질문이 나를 어떻게 사로잡았고, 또 어떤 식으로 내 삶의 일부가 되었는지 지금부터 여러분에게 이야기하고자 한다.

그럼에도 쥘리에트가 더 예쁘게 보일 수도 있었을 것이다. 그녀한테는 기쁨과 건강함이 항상 빛을 발하고 있었다. 그렇다고 해도 그녀의 아름다움은 언니의 우아함에 비하면 그저 외적인 것, 누구에게나 한눈에 드러나는 것처럼 보였다. 외사촌 동생 로베르으로 말하자면, 이렇다 할 특징이 없었다. 단지 내 나이

---

6   단테가 사모한 여인으로,《신곡》등에서 이상적 여인으로 묘사됨.

또래의 평범한 소년이었다. 나는 쥘리에트, 로베르와 함께 놀고, 알리사와는 얘기를 나눴다. 알리사는 우리가 노는 데 거의 끼어들지 않았다. 내가 아무리 멀리까지 과거를 더듬어보아도 진지하고, 부드럽게 미소 지으며 명상에 잠긴 그녀의 모습이 떠오른다. 우리가 무슨 이야기를 했던가? 어린애 둘이서 무슨 이야기를 할 수 있었을까? 여러분에게 곧 그 이야기를 할 것이다. 하지만 그 전에 우선 외숙모에 대한 얘기를 다시 꺼내지 않기 위해 그녀와 관련된 이야기를 끝내고자 한다.

아버지가 돌아가시고 두 해가 지난 후, 어머니와 나는 부활절 방학을 보내러 르아브르에 갔다. 우리는 시내에서 상대적으로 비좁게 사는 뷔콜랭 외삼촌 집에 머무르지 않고 훨씬 넓은 어머니 언니 집에서 지냈다. 내가 뵐 기회가 거의 없었던 플랑티에 이모는 오래 전에 과부가 되셨다. 나보다 나이도 훨씬 많고 기질도 아주 다른 외사촌들은 겨우 아는 정도였다. 르아브르에서 '플랑티에 댁'이라고 불린 이모네 집은 시내가 아니라 시내가 훤히 내려다보이는 '산마루'라 불리는 언덕 중턱쯤에 있었다. 외삼촌네는 상가 지역 가까이에 사셨다. 가파른 언덕길을 따라 두 집 사이를 빠르게 오갈 수 있었다. 나는 하루에도 몇 번씩이나 이 길을 내려갔다 다시 올라오곤 했다.

그날 나는 외삼촌 집에서 점심을 먹었다. 식사 후 얼마 지나지 않아 외삼촌은 외출하셨다. 나는 사무실까지 외삼촌을 따라가고 나서, 어머니를 찾으러 플랑티에 이모 집으로 올라갔다. 거기서 나는 어머니가 이모와 함께 외출해서 저녁 식사 시간에나 돌아오신다는 것을 알았다. 내가 혼자서 자유롭게 시내를 돌아다니는 기회가 드물어서, 나는 곧장 다시 시내로 내려갔다. 그리고 바다 안개로 분위기가 음산한 부두로 갔다. 나는 부둣가를 한두 시간 가량 정처 없이 돌아다녔다. 그런 다음 갑자기 헤어진 지 얼마 안 된 알리사를 찾아가 깜짝 놀래주고 싶은 생각이 들었다…… 나는 시내를 가로질러 달려가 외삼촌 집 현관의 초인종을 눌렀다. 나는 막 층계를 뛰어오르는 중이었다. 문을 열어준 하녀가 나를 멈춰 세우며 말했다.

"올라가지 마세요, 제롬 도련님! 올라가지 마시라니까요. 마님이 발작을 일으키셨어요."

하지만 나는 무시하고 지나쳤다.

"외숙모를 보러 온 게 아니고……"

알리사의 방은 4층[7]에 있었다. 2층에 응접실과 식당이 있고, 3층에 외숙모의 방이 있는데, 그곳에서 말소리가 새어나오고 있었다. 내가 그 앞을 지나가야 하는 방문이 열려 있었다. 한 줄기 빛이 방에서 흘러 나와 층계참을 가로질러 비추고 있었다. 눈에

---

7   앞에서 이 집은 3층집으로 묘사되었다. 그런데 여기서는 알리사의 방이 4층에 있는 것으로 묘사되고 있다.

떨까봐 두려워, 나는 잠시 주저하다가 어둠 속으로 몸을 숨겼다. 그러고는 나는 다음 장면을 목격하고서 아연실색하였다. 커튼이 쳐져 있지만 두 개의 샹들리에에 꽂힌 양초들이 밝은 불빛을 비추고 있어서 방 한가운데 외숙모가 긴 의자에 누워 있는 것이 보였다. 그녀의 발치에 쥘리에트와 로베르가 있고, 외숙모 뒤로는 중위 군복을 입은 낯선 젊은 남자가 있었다. 지금 생각해 보면 그 두 아이가 거기에 있는 것이 괴상망측했지만, 그 당시 순진한 생각으로는 그것 때문에 오히려 안심이 되었다. 두 아이는 맑고 부드러운 목소리로 이 말을 되풀이하는 낯선 남자를 바라보며 웃고 있었다.

"뷔콜랭! 뷔콜랭……! 나한테 양이 한 마리 있다면 틀림없이 뷔콜랭이라 부를 거야."

외숙모도 웃음을 터뜨렸다. 그녀가 젊은 남자에게 담배 한 개비를 내밀자, 그가 불을 붙여 주고 그녀가 몇 모금을 빠는 모습이 보였다. 담배가 바닥에 떨어졌다. 젊은 남자가 담배를 주우려고 앞으로 뛰어가다가 그녀의 숄에 발이 감긴 척하면서 외숙모 앞에 무릎을 꿇었다…… 우스꽝스러운 이 장면 덕분에 나는 눈에 띄지 않고 빠져 나갔다.

나는 알리사의 방문 앞에 있었다. 잠시 기다렸다. 아래층에서 웃음소리와 떠들썩한 말소리가 들려왔다. 아마도 그 소리에

노크 소리가 묻혀 버렸는지, 아무런 대답도 들리지 않았다. 문을 밀자 조용히 열렸다. 방 안이 너무 어두워서 알리사의 모습을 곧바로 알아볼 수 없었다. 알리사는 저무는 황혼이 스며드는 유리창을 등지고 침대 곁에 꿇어앉아 있었다. 내가 다가가자 그녀가 고개는 돌렸으나 몸은 일으키지 않은 채 중얼거렸다.

"아! 제롬, 왜 돌아왔어?"

나는 그녀에게 입 맞추려고 몸을 숙였다. 그녀의 얼굴은 눈물에 젖어 있었다……

바로 그 순간에 내 인생이 결정되었다. 지금도 괴로워하지 않고서 그 순간을 떠올릴 수 없다. 알리사가 그토록 비탄에 잠긴 이유를 매우 불완전하게밖에 알 수 없었다. 그러나 그 슬픔은 떨고 있는 그녀의 작은 영혼, 오열로 흐느끼는 그녀의 가녀린 육신한테 너무 벅찬 것임을 강하게 느꼈던 것이 분명했다.

나는 알리사 곁에 서 있었고, 그녀는 여전히 무릎을 꿇고 있었다. 나는 내 마음속에서 솟구치는 새로운 격정을 어떻게 표현해야 좋을지 몰랐다. 그저 그녀의 머리를 내 심장에 대고, 내 영혼이 흘러넘치는 입술을 그녀의 이마에 대고 있었다. 사랑에 취해 연민에 취해, 감격, 자기희생, 미덕이 뒤섞여 구별되지 않은 감정에 취해, 나는 온힘을 다해 하느님께 호소했다. 내 삶의 목적은 이 어린양을 공포와 악, 삶으로부터 보호하는 것 이외의 다른 것이 아니라고 생각하고서 내 신명을 다 바치기로 결심했다. 내 존재 전체가 기도로 충만해져서 나는 마침내 무릎을 꿇고 내 몸으로 그녀를 감싸 안았다. 어렴풋이 그녀의 말소리가 들렸다.

"제롬! 그들이 너를 못 봤지? 오! 빨리 가! 그들의 눈에 띄면 안 돼."

그러고는 더 낮은 목소리로 말했다.

"제롬, 아무한테도 말하지 마…… 불쌍한 아버지는 아무것도 모르고 계셔……"

그리해서 나는 어머니께 아무런 이야기도 하지 않았다. 그러나 플랑티에 이모와 어머니의 끝없는 속삭임, 뭔가를 숨기는 듯 안절부절못하시는 두 분의 걱정스런 태도, 두 분이 밀담을 나누실 때 내가 다가가기라도 하면 "얘야, 저리 가서 놀아라!" 하면서 나를 쫓아내시던 행동, 이 모든 것으로 미루어 보아 두 분이 뷔콜랭 가의 비밀을 전혀 모르시지 않는다는 것을 알 수 있었다.

우리가 파리로 돌아오자마자 전보가 와서 어머니가 다시 르아브르로 가셨다. 외숙모가 달아난 것이었다.

"누구하고요?" 나는 어머니가 나를 맡긴 미스 애슈버턴에게 물어보았다.

"얘야, 그런 건 네 어머니께 여쭤 보렴. 나는 아무런 대답도 할 수 없단다." 이 사건으로 아연실색해진 어머니의 오랜 친구가 대답했다.

이틀 후, 미스 애슈버턴과 나는 어머니와 합류하기 위해 출발했다. 토요일이었다. 다음날이면 나는 교회에서 외사촌 누이들을 보게 될 것이었다. 그리고 나는 오직 그 생각뿐이었다. 어린 마음에도 우리의 만남이 갖는 신성한 성격에 커다란 중요성을 부여했기 때문이다. 어쨌든 나는 외숙모에 대해서 별로 관심이 없었고, 어머니에게 캐묻지 않는 것이 당연한 도리라고 생각했다.

그날 아침 조그만 교회에는 사람이 많지 않았다. 보티에 목사님은 묵도를 위한 설교로 "좁은 문으로 들어가도록 있는 힘을 다하여라"라는 그리스도의 말씀을 택하셨는데, 분명 의도적으로 그러셨을 것이다.

알리사는 나보다 몇 줄 앞자리에 앉아 있었다. 그녀의 얼굴 옆모습이 보였다. 나 자신을 까맣게 잊을 정도로 그녀를 뚫어져라 바라보아서 온 정신을 기울여 듣고 있던 설교가 마치 그녀를 통해 들려오는 것만 같았다. 외삼촌은 어머니 곁에 앉아 울고 계셨다.

목사님은 먼저 전 구절을 다 읽으셨다. "좁은 문으로 들어가도록 있는 힘을 다하여라. 멸망으로 인도하는 문은 크고 그 길이 넓어 그리로 들어가는 자는 많고, 생명으로 인도하는 문은 좁고 길이 협착하여 찾는 자가 적음이니라."[8] 그러고 나서 주제를 명확히 구분해 놓고 우선 '넓은 길'에 대해 말씀하셨다. 나는 멍하니 꿈속인 듯 외숙모의 방이 다시 보였다. 소파에 누워 웃고 있는 그녀의 얼굴이 떠올랐다. 또한 화려한 복장의 장교가 웃는 모습도 떠올랐다…… 그러자 웃음과 즐거움이라는 생각 자체가 기분 나쁘고 모욕적으로 여겨졌고, 끔찍하게 과장된 죄악의 모습 같았다…….

"그리로 들어가는 자는 많고", 보티에 목사님은 계속 읽으셨다. 목사님이 묘사함에 따라, 화려하게 옷 입은 한 무리의 사람들이 웃고 떠들며 대열을 이루며 나아가는 것이 눈앞에 보였다. 나는 그런 대열에 낄 수도 없고, 끼고 싶지도 않다는 생각이 들었다. 내가 그들과 함께 내딛는 한 걸음 한 걸음이 나를 알리사로부터 점점 더 떼어놓을 것이기 때문이다. 그런 다음 목사님은 인용구의 첫 부분을 다시 언급하셨고, 우리가 들어가기를 힘써야 할 그 좁은 문이 보였다. 내가 푹 잠긴 꿈속에서 그 문은 일종의 압연기(壓延機)처럼 여겨졌다. 그리고 그 속으로 아주 극심한 고통을 느끼며 애쓰며 들어가고 있었는데, 그 고통에는 또한 천

---

8 〈마태복음〉 7장 13-14절.

국의 지복의 전조가 섞여 있었다. 그리고 그 문은 또 다시 알리사의 방문이 되었다. 그리로 들어가기 위해 나는 나 자신을 쥐어짜며 내 안에 남아 있는 모든 이기심을 버렸다……"생명으로 인도하는 길은 좁기 때문이라." 보티에 목사님의 말씀이 계속되었다. 나는 모든 고행과 온갖 슬픔 너머에 순수하고 신비롭고 지극히 행복한 또 하나의 기쁨을, 내 영혼이 벌써 갈망하고 있는 그런 기쁨을 상상하며 예감했다. 나는 그 기쁨을 날카로운 동시에 부드러운 바이올린 선율처럼 그리고 알리사의 마음과 내 마음이 그 속에서 타 들어가는 강렬한 불꽃처럼 상상했다. 우리 두 사람은 〈요한 계시록〉에서 얘기하는 흰옷을 입고 손을 잡고 똑같은 목표를 바라보며 나아가고 있었다…… 이런 어린애 같은 꿈이 웃음을 자아낸들 그게 무슨 상관이랴! 나는 지금 모든 꿈을 있는 그대로 이야기하고 있다. 혹시라도 거기에 혼란이 있다면, 감정은 아주 분명하기에 오직 불완전한 이미지와 언어의 사용 때문일 것이다.

"찾는 이가 적음이니라."라고 보티에 목사님이 끝을 맺으셨다. 목사님은 어떻게 좁은 문을 찾을 수 있는지 설명하셨다……"찾는 이가 적음이니라." 나는 그들 중 하나가 되리라…….

설교가 끝날 무렵, 나는 정신적으로 너무 긴장했기 때문에 예배가 끝나자마자 외사촌 누이를 만날 생각도 하지 않고 자랑스럽게 도망치면서, 내 결심에(나는 이미 결심했기에) 벌써 시련이 닥치기를 바랐고, 또 곧 그녀에게서 멀어짐으로써 그녀에게 내가 가장 합당한 사람이 될 수 있다고 생각했다.

2

이러한 준엄한 가르침은 의무를 천성적으로 갖추고, 준비한 내 영혼으로 찾아왔다. 부모님의 모범은 내 마음의 최초의 충동을 억눌렀던 그분들의 청교도적 규율과 결합하여, 내가 '덕행'이라 부르고 싶어했던 것을 향해 내 마음을 기울게 했다. 내가 스스로를 억제하는 것은 다른 사람들이 멋대로 행동하는 것만큼이나 자연스러웠다. 나를 얽매었던 엄격함도 내게는 반감을 불러일으키기보다는 오히려 나를 즐겁게 해주었다. 내가 미래에서 찾고자 했던 것은, 행복이라기보다는 그것에 도달하기 위한 끝없는 노력이었다. 이처럼 나는 벌써 행복과 덕행을 혼동하고 있었다. 의심할 바 없이 나는 열네 살 아이로서 아직 미결정된 상태, 변화 가능한 상태에 있었다. 하지만 곧 알리사에 대한 사랑이 나를 단연코 그런 방향으로 빠져들게 했다. 그것은 갑작스러운 내적 계시였으며, 그 덕분에 나는 나 자신을 의식하게 되었다. 내 눈에 비친 나는 내성적이며 활달하지 못하고, 기대로 가득하고, 타인에 대한 배려는 거의 없고, 모험에 소극적이고, 내 자신과 싸워 얻는 승리 이외의 다른 승리는 열망하지 않는 사람으로 보였다. 나는 공부를 좋아했고, 여러 놀이 중에도 정신을 집중하거나 노력을 해야 하는 것이 아니면 열중하지 않았다. 나는 같은 나이 친구들은 거의 사귀지 않았고, 설사 그들의 장난에 끼어든다고 해도 정다움이나 친절 때문에 그렇게 했을 뿐이었다. 하지만 이듬해에 파리로 와서 나와 같은 반이 된 아벨 보티에와는 친하게 지냈다. 상냥하고 태평한 소년이었고, 그에게 나는 존경심보다는 좋아하는 마음이 더 컸지만, 어쨌든 그와 함께 있으면 내 생각이 끊임없이 날아갔던 르아브르와 퐁그즈마르에 대해 이야기를 나눌 수 있었다.

외사촌 동생 로베르 뷔콜랭으로 말하자면, 그는 우리와 같은 중학교 기숙 학생으로 들어오기는 했지만 두 학년 아래여서 일요일에만 볼 수 있었다. 로베르가 두 외사촌 누이의 동생이 아니었다면, 아무리 찾아보아도 그녀들과 거의 닮지 않은 그 애를 만나는 것에 나는 아무런 흥미도 느끼지 못했을 것이다.

그때 나는 흠뻑 사랑에 빠져 있었고, 오직 내 사랑의 빛이 비추고 있었기에 그 두 아이들과의 우정이 내게 중요하였다. 알리사는 복음서에서 얘기하는 값비싼 진주였고, 나는 그 진주를 얻기 위해 소유한 모든 것을 팔아버리는 사람이었다. 그 당시에 나는 아직 어렸지만, 지금 그것을 사랑이라 말하며, 외사촌 누이에게 느꼈던 감정을 그렇게 부른 것이 잘못일까? 그 뒤로 나는 사랑이라는 이름에 더 합당하다고 여겨지는 그 어떤 것도 체험하지 못했다. 게다가 나이가 더 들어 뚜렷한 육체적인 불안으로 괴로워할 때도 내 감정은 근본적으로 많이 달라지지 않았다. 아주 어려서는 오직 그녀에게 합당한 사람이 되기를 바랐고, 그후로 그녀를 보다 직접적으로 소유하려 애쓰지 않았다. 공부, 노력, 경건한 행동, 나는 신비롭게 이 모든 것을 알리사에게 바쳤으며, 그녀만을 위해 한 일도 종종 그녀가 모르도록 하는 것이 더 값진 덕을 쌓는 일이라고 생각했다. 이처럼 나는 일종의 황홀한 겸양의 향기에 도취되었다, 아! 맙소사, 자신의 위안은 거의 염두에 두지 않고, 나에게 보답이 없는 노력만을 요구하는 것에 만족하는 데 익숙해졌던 것이다.

　나만이 이런 덕행에 대한 경쟁심에 자극받았을까? 알리사는 거기에 신경 쓰는 것처럼 보이지 않았고, 나 때문에, 아니 오직 그녀만을 위해 애쓰는 나를 위해 뭔가를 하는 것처럼 보이지도 않았다. 꾸밈없는 그녀의 영혼 속에 있는 모든 것이 더없이 자연스러운 아름다움을 띠고 있었다. 그녀의 미덕에는 모든 것에 벗어난 듯한 편안함과 우아함이 깃들어 있었다. 어린애 같은 미소 덕택에 그녀의 엄숙한 시선은 매력적이었다. 나는 지금도 그처럼 부드럽고 다정하게 뭔가를 묻는 듯이 시선을 들어 올리는 그녀의 모습이 떠오른다. 외삼촌이 혼란스러울 때면 큰딸 곁에 앉아서 도움과 의견, 위로를 구하셨던 것도 이해가 간다. 이듬해 여름 외삼촌이 그녀와 이야기를 나누는 모습을 나는 종종 보았다. 외삼촌은 슬픔 때문에 많이 늙으셨다. 외삼촌은 식사 중에 거의 말씀이 없으셨고, 가끔 즐거운 표정을 억지로 보이시기는 했지만 침묵을 지키실 때보다 더 고통스러워 보이셨다. 저녁에 알리사가 모시고 갈 때까지 외삼촌은 사무실에서 담배를 피우고 계셨다. 사정해야 외삼촌은 겨우 밖으로 나오셨다. 알리사는 외삼촌을 어린애 다루듯 정원으로 모셔 갔다. 둘은 꽃이 핀 오솔길을 내려가, 채소밭의 층계 근처의 원형 교차로에 앉았는데, 거기에 우리가 의자 몇 개를 갖다놓았었다.

어느 날 저녁, 커다란 구릿빛 너도밤나무 한 그루가 그늘을 드리운 잔디밭에 누워 나는 늦게까지 책을 읽고 있었다. 잔디밭과 꽃이 핀 오솔길 사이에는 월계수 울타리만이 있어 시선은 차단하지만 목소리는 들을 수 있었는데, 나는 그곳에서 알리사와 외삼촌의 목소리를 들었다. 분명 로베르에 대한 이야기를 막 하고 난 참이었던 같았다. 알리사가 내 이름을 말하는 것을 들었다. 그들의 말이 이제 막 뚜렷이 들리기 시작할 때 외삼촌이 큰 소리로 말씀하셨다.

"아! 그 애는 늘 공부를 좋아할 거야."

본의 아니게 엿들은 나는 자리를 뜨거나 최소한 내가 있다는 것을 알릴 수 있도록 무슨 기척이라도 내고 싶었다. 하지만 어떻게? 헛기침을 해서? '나, 여기 있어요! 얘기가 다 들려요……!'라고 소리를 쳐서? 하지만 내가 잠자코 있었던 것은 얘기를 더 들어보려는 호기심 때문이라기보다는 난처함과 수줍음 때문이었다. 게다가 두 사람은 그저 지나가는 길이었고, 그들의 이야기는 희미하게 들릴 뿐이었다…… 하지만 그들은 천천히 가고 있었다. 분명 알리사는 늘 그렇듯 가벼운 바구니를 팔에 걸고는 시든 꽃을 따거나 잦은 바다 안개 때문에 익지 않은 채 떨어진 푸릇푸릇한 과일들을 과수원 울타리 밑에서 줍거나 했을 것이다. 그녀의 맑은 음성이 들렸다.

"아버지, 팔리시에 고모부는 훌륭한 분이셨나요?"

외삼촌의 목소리는 흐릿하고 분명치 않아 대답을 분명히 알아듣지 못했다. 알리사가 끈질기게 물었다.

"대단히 훌륭하셨나요, 네?"

또 다시 아주 희미한 대답. 그리고 다시 알리사의 질문.

"제롬은 영리해요, 그죠?"

어떻게 내가 이 말에 귀를 기울이지 않을 수 있었겠는가……? 하지만 아무 말도 알아들을 수 없었다. 그녀가 다시 말했다.

"아버지는 그 애가 훌륭한 사람이 될 거라고 생각하세요?"

여기서 외삼촌의 목소리가 높아졌다.

"그런데 애야, 난 네가 '훌륭한'이란 말로 뭘 의미하는지를 우선 알고 싶구나! 적어도 사람들의 눈에는 그렇게 보이지 않으면서도 아주 훌륭한 사람이 될 수 있는 거야…… 하느님의 눈에 아주 훌륭한 사람이."

"제가 말하려는 것이 바로 그거예요." 알리사가 말했다.

"그리고…… 그걸 사람이 알 수 있겠니? 그 애는 너무 어린데…… 그래, 그 앤 분명 아주 유망하지. 하지만 성공하자면 그 것만으로는 충분치 않아……"

"그럼 또 뭐가 필요한데요?"

"애야, 뭐랄까? 신뢰, 뒷받침, 사랑이 필요하지……"

"뒷받침이라는 게 뭘 말씀하시는 거예요?" 알리사가 끼어들었다.

"내가 받지 못했던 애정과 존경이란다." 외삼촌이 씁쓸하게 대답하셨다. 그러고 나서 그들의 목소리는 점점 들리지 않게 되었다.

저녁 기도 시간에 나는 의도치 않은 경솔한 행동을 뉘우치고 외사촌 누이에게 고백하기로 마음먹었다. 어쩌면 좀 더 알고 싶은 호기심이 섞여 있었을지도 모른다.

그 다음날 내가 꺼낸 첫마디에 알리사가 말했다.

"하지만, 제롬, 그렇게 엿듣는 건 아주 나쁜 일이야. 당연히 알려주든가 떠나든가 했어야지."

"나는 진짜 엿들은 게 아니야…… 그럴 의도가 없었는데 단지 들렸을 뿐이야. 그리고 외삼촌과 너는 마침 지나가는 중이었고."

"우리는 천천히 걷고 있었어."

"그래, 하지만 겨우 소리만 들었을 정도야. 그런 다음 곧 아무 소리도 들리지 않았어…… 그런데 성공하려면 뭐가 필요한지 물었을 때 외삼촌이 뭐라고 대답하셨지?"

"제롬, 너 다 들었구나! 내게 같은 말을 되풀이하게 하는 게 재미있어, 그러지?" 알리사가 웃으며 말했다.

"진짜 첫 부분밖에 못 들었어…… 신뢰와 사랑에 대해 얘기하셨을 때 말이야."

"그러고 나서 그 외에도 많은 것들이 필요하다고 하셨어."

"그래, 너는 뭐라고 대답했는데?"

그녀는 갑자기 심각해졌다.

"인생에서의 뒷받침을 말씀하시기에 너에게는 어머니가 계시다고 대답했어."

"아! 알리사, 어머니가 늘 나와 함께 계시지 않으리라는 건 잘 알잖아…… 게다가 그건 같은 얘기가 아니고……"

알리사가 머리를 숙였다.

"아버지도 그렇게 대답하셨어."

나는 떨면서 그녀의 손을 잡았다.

"내가 앞으로 어떤 인간이 되든지, 그건 오로지 너를 위해서야."

"하지만 제롬, 나 역시 너를 떠날지 몰라."

나는 내 영혼을 말 속에 담아 대답했다.

"나는 결코 널 떠나지 않을 거야."

그녀는 어깨를 약간 으쓱했다.

"너는 혼자 걸어갈 만큼 강하지 못한 거니? 우리는 각자 홀로 하느님께 나아가야 해."

"하지만 내게 그 길을 가르쳐줄 사람은 바로 너야."

"너는 왜 그리스도가 아닌 다른 인도자를 찾으려 하니……? 우리 둘이 서로를 잊으며 하느님께 기도를 드릴 때보다 서로에게 더 가까울 때가 있다고 생각해?"

"그래. 그게 우리가 결합되도록, 내가 매일 아침저녁으로 하느님께 기도하는 이유야." 나는 알리사의 말을 가로막았다.

"너는 하느님 안에서 결합한다는 게 무슨 뜻인지도 모르니?"

"아니, 난 그걸 마음속 깊이 잘 알지. 그건 예배하는 같은 대상 속에서 두 사람이 서로를 열렬히 찾는 걸 말해. 내가 생각하기에 네가 예배하는 것을, 나 역시 예배하는 것은 분명 너를 다시 만나기 위함이야."

"너의 예배는 순수하지 않구나."

"나에게 너무 많은 걸 요구하지 마. 너를 다시 만나지 못한다면 천국 같은 게 무슨 소용이 있겠어."

그녀는 입술에 손가락 하나를 대고 약간 엄숙하게 말했다.

"너희는 먼저 하느님 나라와 그 의를 구하라."[9]

우리의 이야기를 옮겨 적으면서 어떤 아이들은 심각한 대화를 좋아 한다는 사실을 모르는 이들에게, 우리의 이야기는 어린애에게 적합하지 않은 대화라고 생각된다. 하지만 내가 어쩌겠는가? 이 이야기에 대해 변명이라도 해야 하는가? 나는 그 이야기들을 꾸며 훨씬 자연스럽게 만들고 싶지 않을뿐더러, 그 점에 대해 변명도 하고 싶지 않다.

우리는 라틴어 《성경》을 구해 긴 구절들을 암송하곤 했다. 자기 남동생을 돕는다는 구실로 알리사는 나와 함께 라틴어를 배웠다. 하지만 지금 생각해보면 나의 독서를 계속 따라오기 위한 것이었다. 물론 나도 그녀가 나와 함께 공부할 거라고 생각되지 않는 과목에는 흥미가 거의 없었다. 그런 생각이 가끔 나에게 방해가 되었는지는 모르겠지만, 사람들이 생각하듯이 내 정신의 도약을 저지한 것은 아니었다. 그와는 반대로 그녀가 모든 면에서 나를 쉽게 앞지르는 것처럼 보였다. 하지만 나의 추구하는 정신은 그녀가 따르는 길을 선택했다, 그리고 그 당시

---

9 〈마태복음〉 6장 33절 참고.

우리를 사로잡았던 것 즉 우리가 '사상'이라 부르던 것은, 단지 더 교묘한 결합을 위한 구실, 단지 감정의 위장, 단지 사랑의 덮개에 불과한 경우가 흔했다.

처음에 어머니는 이런 내 감정의 깊이를 측정할 수 없어서 불안하셨을 거다. 하지만 기력이 쇠약해지는 것을 느끼시자 어머니는 모성적 포옹 속에서 우리 두 사람을 결합해주고 싶어 하셨다. 오래전부터 앓아온 심장병 탓에 어머니는 점점 더 자주 힘들어 하셨다. 유난히 발작이 심한 기간에 어머니는 나를 곁으로 불러 말씀하셨다.

"얘야, 보다시피 내가 많이 늙었구나. 언제 널 두고 갑자기 떠날지 모르겠구나."

어머니는 숨이 너무 가빠서 멈추셨다. 나는 참지 못하고, 내가 말하기를 기대하셨을 말을 외쳤다.

"엄마…… 아시겠지만, 난 알리사와 결혼하고 싶어요."

이 말이 어머니의 가장 내밀한 생각에 이어졌는지 곧 이렇게 말을 이으셨다.

"그래, 제롬. 내가 너에게 바로 그걸 말하고 싶었단다."

"엄마!" 내가 흐느끼며 물었다. "엄마가 보기에도 알리사가 절 사랑하지요, 그렇지요?"

"그럼, 얘야." 어머니는 몇 번이나 부드럽게 "그럼, 얘야"를 반복하셨다. 어머니는 힘들게 말을 이으시면서 이렇게 덧붙이셨다. "하느님께 맡겨야 해."

그런 다음 내가 어머니 곁으로 고개를 숙이자 내 머리에 손을 얹고 이렇게 말씀하셨다.

"하느님께서 우리 아이들을 보호해 주시기를! 하느님께서 너희 둘을 보호해 주시기를." 그리고 나서 어머니는 잠에 빠져드셨다. 나는 애써 깨우지 않았다.

이런 대화는 두 번 다시 되풀이되지 않았다. 그 다음날, 어머니의 상태가 더 좋아지셨다. 나는 수업을 들으러 학교로 돌아갔고, 그래서 반밖에 털어놓지 못한 속내 이야기는 다시 침묵에 싸이게 되었다. 게다가 내가 뭘 더 알 수 있었겠는가? 알리사가 나를 사랑한다는 사실을 나는 한순간도 의심할 수 없었다. 설사 내게 그때까지 의심이 있었다고 해도, 이 의심은 뒤이어 발생한 슬픈 사건으로 인해 영원히 내 가슴속에서 사라지고 말았을 것이다.

어머니는 미스 애슈버턴과 내가 지켜보는 가운데 어느 날 저녁 조용히 숨을 거두셨다. 어머니를 앗아간 마지막 발작은 처음엔 이전의 발작에 비해 심해 보이지 않았다. 임종 무렵에야 위태로운 증세를 보이셨기 때문에 친척들 중 그 누구도 달려올 시간이 없었다. 어머니의 오랜 친구와 함께 나는 사랑하는 어머니의 주검 곁에서 첫날밤을 지새웠다. 나는 어머니를 깊이 사랑했었다. 하지만 눈물을 흘리면서도 마음속에서 슬픔이 느껴지지 않는 게 놀라웠다. 내가 운 것은 자기보다 몇 살이 적은 친구가 그렇게 먼저 하느님 앞으로 간 것을 지켜보는 미스 애슈버턴이 가련해서였다. 하지만 어머니의 상(喪)으로 인해 외사촌 누이가 내 곁으로 서둘러 달려오리라는 은밀한 생각이 드니, 내 슬픔은 많이 가라앉았다.

그 다음날 외삼촌이 도착하셨다. 외삼촌은 퐁그티에 이모와 함께 그 다음 날에나 올 알리사의 편지를 내게 건네주셨다. 편지에는 이런 내용이 적혀 있었다.

……제롬, 나의 친구, 나의 동생아, 고모님께서 바라시던 큰 기쁨을 드릴 수 있었을 몇 마디 말씀을, 돌아가시기 전에 해드릴 수 없었던 것이 얼마나 가슴 아픈지 몰라. 이제 그분이 저를 용서해주시길! 그리고 앞으로는 하느님만이 우리 둘을 인도해주시길! 안녕, 내 가련한 친구여.

어느 때보다도 더 다정한 너의 알리사.

이 편지의 의미는 무엇이었을까? 말씀을 못 드려 마음 아프다는 그 몇 마디 말이란 우리의 미래를 기약하는 말이 아니라면 대체 무엇이었겠는가? 아직 나는 너무 어려서 그녀에게 곧바로 청혼할 수가 없었다. 게다가 그녀의 약속이 꼭 필요했을까? 우리는 벌써 약혼한 거나 다름없지 않았던가? 우리의 사랑은 친척들에게 더 이상 비밀이 아니었다. 어머니와 마찬가지로 외삼촌도 우리의 사랑을 반대하지 않으셨다. 그러기는커녕 외삼촌은 벌써 나를 당신의 아들처럼 대해 주셨다.

며칠 후에 시작된 부활절 방학을 나는 르아브르에서 보냈다. 플랑티에 이모 집에 묵었지만, 식사는 거의 뷔콜랭 외삼촌 집에서 했다.

펠리시 플랑티에 이모는 아주 훌륭한 분이셨지만, 외사촌 누이들이나 나는 이모와 아주 가깝게 지내지는 않았다. 이모는 숨 쉴 틈 없이 바쁘셨다. 이모의 몸짓은 부드럽지 않았고, 목소리는 듣기에 좋지 않았다. 이모는 우리를 껴안으면서 괴롭히셨고, 넘쳐흐르는 애정을 쏟을 필요성에 사로잡히면 아무 때나 우리를 마구 쓰다듬곤 하셨다. 뷔콜랭 외삼촌은 이모를 무척 좋아하셨다. 하지만 이모한테 말할 때의 목소리만 들어도 그분이 어머니를 얼마나 더 좋아하시는지 쉽게 느낄 수 있었다.

어느 날 저녁 이모가 먼저 말씀하셨다. "애야, 올여름에 뭘 할 생각인지 모르겠다만, 내가 뭘 할지 결정하기 전에 네 계획을 먼저 듣고 싶구나. 혹시 내가 도움이 될 수 있을지도 모르니……"

"아직 별로 생각해 보지는 않았지만 여행이나 해볼까 해요." 이모에게 이렇게 대답했다.

이모가 말을 이었다.

"풍그즈마르에서도 우리 집에서도 너는 언제나 환영받을 거 알지. 거기로 가면 네 외삼촌이나 쥘리에트가 기뻐할 테지만……"

"알리사 말씀하시는 거죠?'

"그렇지! 미안하구나…… 네가 좋아하는 애가 쥘리에트라고 생각했거든! 네 외삼촌이 내게 말해 줄 때까지는 말이다…… 한 달도 안 되었지…… 너도 알다시피 난 너희를 무척 좋아하지만 너희를 잘 몰라. 너희를 볼 기회가 별로 없잖니……! 게다가 난 뭘 자세히 관찰하지도 않고, 나랑 상관없는 일을 살펴보느라 신경 쓸 겨를도 없단다. 내가 보면 너는 늘 쥘리에트와 함께 놀고 있었어…… 그래서 그렇게 생각했던 거야…… 그 애는 아주 예쁘고, 아주 쾌활하지."

"예, 전 여전히 그 애랑 잘 놀고 있어요. 하지만 제가 사랑하는 건 알리사예요……"

"그래, 그래! 네 마음이지…… 너도 알겠지만, 난 알리사를 모른다고 해도 좋을 정도야. 그 애는 자기 동생보다 말수도 적어…… 네가 그 애를 선택했을 때는 그럴만한 이유가 있다고 생각한다."

"하지만 이모, 제가 알리사를 사랑하는 건 선택이 아니에요. 무슨 이유가 있다고 생각해 본 적도 없어요……"

"화낼 거 없다, 제롬. 그냥 해본 소리야…… 네 말에 내가 무슨 말을 하고자 했는지 잊어 버렸구나…… 참, 그렇지! 물론 이 모든 일은 결국 결혼으로 귀결된다고 생각한다. 하지만 아직 네가 상중(喪中)이라 관례상 약혼할 수는 없고…… 게다가 너는 아직은 너무 어리고…… 어머니가 안 계신데 네가 혼자 퐁그즈마르에 가 있는 건 사람들 눈에 안 좋게 비칠 수도 있다고 생각한 거야……."

"글쎄, 이모, 제가 여행 얘기를 한 것도 정확히 그 때문이에요."

"그래, 그랬구나! 얘야, 내가 옆에 있으면 일이 수월해질 거라고 생각했어. 그래서 이번 여름의 일부를 자유롭게 비워두었단다."

"제가 부탁만 하면 미스 애슈버턴이 기꺼이 와 주실 텐데요."

"그 사람이 와 주리라는 건 나도 안다. 하지만 그 걸로만 충분하지 않아! 나 역시 가겠다…… 아! 그렇다고 내가 가엾은 네 엄마를 대신하겠다는 건 아니야." 이모는 갑자기 흐느끼시더니 덧붙이셨다. "집안일이나 보살필까 해서…… 그러면 너도, 네 외삼촌도, 알리사도 거북하지 않을 게다."

펠리시 이모는 당신이 계시는 것의 효과를 오해하셨다. 사실을 말하면, 우리는 오직 이모 때문에 거북했다. 예고하신 대로 이모는 7월 시작부터 퐁그즈마르에 자리를 잡으셨고, 미스 애슈버턴과 나도 곧 합류했다. 알리사의 집안일을 거든다는 구실로 이모는 아주 조용하던 그 집을 계속해서 소란스럽게 만드셨다. 우리를 즐겁게 해주려고, 또 이모의 말씀처럼 "일을 수월하게" 하기 위한 극성이 지나쳐, 알리사와 나는 이모 앞에선 거북하여 거의 말을 안 하는 일이 허다했다. 이모는 우리가 아주 쌀쌀맞다고 생각하셨을 것이다…… 하지만 설령 우리가 입을 다물고 있지 않았다고 해도, 이모가 우리의 사랑의 성격을 이해하실 수 있었을까? 반대로 쥘리에트의 성격은 이런 호들갑과 꽤 잘 맞았다. 어쩌면 이모가 막내 조카딸을 너무 티 나게 편애하시는 것을 보고 모종의 반감이 생겨 이모에 대한 나의 애정을 방해했을 수도 있다.

어느 날 아침, 우편물이 도착한 후에 이모가 나를 불렀다.

"가엾은 제롬, 정말 미안하구나. 딸애가 아프다고 나를 찾는구나. 어쩔 수 없이 너희와 헤어지지 않을 수 없게 되었어……"

나는 부질없는 걱정에 사로잡혀 외삼촌을 뵈러 갔다. 이모가 떠나신 후에 퐁그즈마르에 남아 있는 게 좋은지 아닌지 몰랐기 때문이다. 말을 꺼내자마자 외삼촌은 큰소리로 말씀하셨다.

"도대체 누님은 또 무슨 생각으로 아주 자연스러운 일을 복잡하게 만들려는 거지? 아니! 제롬, 네가 왜 우리 곁을 떠난단 말이냐? 너는 이미 내 자식이나 다름없지 않으냐?'

이모는 퐁그즈마르에 두 주일밖에 머물지 않으셨다. 이모가 떠나자 집은 곧 고요함을 되찾을 수 있었다. 행복과 유사한 안온함이 집에 다시 찾아들었다. 내가 당한 상(喪)은 우리의 사랑을 어둡게 한 것이 아니라 오히려 더 깊게 만들어 주었다. 소리가 잘 울리는 공간에서처럼 우리 마음속의 아주 사소한 움직임도 서로 잘 들리는 단조로운 생활의 흐름이 시작되었다.

이모가 떠나시고 난 며칠 후 어느 날 저녁, 식탁에서 이모에 대해 이야기를 했다. 나는 지금도 그 이야기를 기억한다.

"소란하시기도 하시지!" 우리가 말했다. "인생의 물결이 그분의 영혼에 휴식을 줄 수는 없는 걸까? 사랑의 아름다운 이미지여, 그대의 모습은 여기서 무엇이 되었는가?" 우리가 이렇게 말한 이유는 슈타인 부인[10] 얘기를 하면서, "이 영혼 속에 비친 세계를 보게 되면 아름다우리라"라는 괴테의 말이 떠올랐기 때문이다. 그리고 우리는 어떤 등급 같은 것을 설정하고 나서, 관조 능력을 가장 높은 자리에 놓았다. 그때까지 잠자코 계시던 외삼촌이 씁쓸하게 미소를 지으면서 타이르셨다.

---

[10] 괴테가 젊은 시절 사랑했던 일곱 살 연상의 애인.

"얘들아, 설사 부서져 있다고 해도 하느님은 거기서 당신의 상을 알아보실 거야. 인생의 한 순간을 보고 사람을 판단하지 않도록 조심해야지. 너희가 싫어하는 내 가련한 누님의 모든 것은 여러 사건에서 비롯되었단다. 그래서 그 사건들을 너무 잘 아는 나는 너희처럼 가혹하게 누님을 비판할 수 없단다. 젊어서 남들을 즐겁게 해주던 성품도 늙어가면서 망가지게 돼. 지금 너희가 '소란'이라고 불렀던 것도 처음엔 매력적인 충동, 직관적인 과감성, 순간에 내맡기는 성질, 우아함 같은 것이었어…… 확신컨대 우리도 오늘날의 너희와 크게 다를 게 없었단다. 제롬, 어쩌면 내가 알고 있는 것 이상으로 나도 과거에는 너랑 아주 비슷했어. 펠리시 누님은 지금의 쥘리에트와 많이 비슷했고…… 그래, 몸매까지도." 그리고 외삼촌이 자기 딸 쪽을 돌아보시며 이렇게 덧붙이셨다. "네 목소리의 어떤 소리에서 네 고모 모습이 떠올라. 네 고모도 너처럼 미소를 지었지. 그리고 곧 없어졌지만, 누님도 너처럼 가끔 팔꿈치를 앞으로 내밀고 깍지 낀 두 손에 이마를 대고 아무것도 하지 않은 채 앉아 있곤 하셨다."

미스 애슈버턴이 내 쪽으로 고개를 돌리고는 낮은 목소리로 말했다.

"네 어머니를 연상시키는 건 알리사란다."

그해 여름은 찬란했다. 모든 것에 파란 하늘빛이 스며있는 듯했다. 우리의 열정은 불행과 죽음을 이겨냈다. 어두운 그림자가 우리 앞에서 물러났다. 매일 아침 나는 기쁨에 넘쳐 잠에서 깨어났다. 나는 새벽부터 일어나 해를 맞이하러 달려가곤 했다…… 지금 그 시절을 떠올리면 이슬에 흠뻑 젖은 날들이 눈에 선하다. 밤늦게까지 자지 않던 언니보다 아침 일찍 일어나는 쥘리에트는 나와 함께 정원으로 내려가곤 했다. 쥘리에트는 언니와 나 사이에서 전달자였다. 나는 그녀에게 끊임없이 우리의 사랑 얘기를 들려주었으며, 그녀도 내 얘기를 듣는 데 싫증을 내지 않는 것 같았다. 애정이 벅차오르면 소심하고 부끄러워서 알리사에게는 감히 하지 못하는 말도 쥘리에트에게는 털어놓곤 했다. 우리가 알리사에 대해 말한다는 사실을 모르는 것인지 아니면 모르는 척하는 것인지, 알리사는 내가 자기 동생에게 아주 쾌활하게 이야기하는 것을 즐기고 또 그런 놀이에 준비가 된 것처럼 보였다.

아, 사랑의, 과도한 사랑의 미묘한 책략이여, 우리는 어떤 비밀스러운 방식에 의해 웃음에서 눈물로, 가장 천진한 기쁨에서 미덕의 요구로 이끌렸던가!

그 여름은 너무 맑고 너무 매끈한 상태로 달아나 버렸기 때문에, 지금 나의 기억은 미끄러져 달아난 날들을 거의 아무것도 붙잡지 못하고 있다. 사건들이라고는 대화와 독서뿐이었다……

"슬픈 꿈을 꿨어." 방학이 끝나가던 어느 날 아침 알리사가 내게 말했다. "나는 살아 있는데, 네가 죽었어. 아니지, 네가 죽는 모습을 본 건 아니었어. 단지 네가 죽어 있었던 거야. 끔찍했어. 도저히 불가능한 일이라 네가 단지 부재중이라고 생각했어. 우리는 헤어졌지만 만날 방법이 있을 것 같았어. 그래서 어떻게 하면 되나 하고 방법을 찾으려 안간힘을 쓰다가 잠이 깼어. 아침에도 그 꿈에 잠겨 있는 것 같았어. 마치 꿈을 계속 꾸고 있는 듯이 말이야. 난 여전히 너와 헤어져 있고, 그 후로도 오래오래 헤어져 있을 것 같았어." 그러고는 알리사는 아주 낮은 목소리로 이렇게 덧붙였다.

"평생 동안 말이야. 평생 동안 온갖 노력을 해야 할 것 같았어……"

"왜?"

"우리가 다시 만나려면 서로가 온갖 노력을 다 해야만 할 것 같았어."

나는 그녀의 말을 심각하게 받아들이지 않았거나 아니면 심각하게 받아들이는 것을 두려워했다. 그녀의 말에 반박이라도 하듯 가슴이 몹시 두근거리는 가운데 나는 갑자기 용기를 내어 그녀에게 이렇게 말했다.

"그래, 나도 오늘 아침에 꿈을 꿨는데, 너와 너무나 열렬히 결혼하려고 해서 죽음 이외에는 그 어떤 것도 우리를 갈라놓지 못할 것 같았어."

"너는 죽음이 우리를 갈라놓을 수 있다고 생각해?" 그녀가 말을 이었다.

"내 말 뜻은……"

"나는 반대로 죽음이 우리를 더 가까워지게 할 수 있다고 생각해…… 그래, 살아 있는 동안 헤어져 있던 것을 가까워지게 할 수 있어."

이 모든 말이 우리의 마음속에 너무 깊이 각인되어 나는 아직도 그때 그 억양까지 들리는 듯하다. 하지만 이 말들이 지닌 중요성은 나중에야 비로소 깨달았다.

여름은 사라져 가고 있었다. 벌써 밭들 대부분이 텅 비어서 기대 이상으로 저 멀리까지 시야가 트여 있었다. 떠나기 전 날, 아니 전전날 저녁에, 나는 쥘리에트와 함께 아래 정원 끝에 있는 작은 숲 쪽으로 내려가고 있었다.

"어제 언니한테 암송해준 게 뭐였어?" 그녀가 나에게 물었다.

"언제?"

"이회토 채취장 근처 벤치에 내가 두 사람만 남겨두고 갔을 때……"

"아……! 보들레르의 시 몇 구절이었을 거야……"

"어떤 구절……? 나한테 들려줄 수 없어?"

"머지않아 우리는 차가운 어둠 속에 잠기리니."

나는 마지못해 외우기 시작했다. 그런데 쥘리에트가 곧장 가로막더니 떨리고 평소와 다른 목소리로 암송을 이어갔다.

"잘 가라. 너무나도 짧은 우리 여름날의 찬란한 빛이여!"[11]

"아니! 너, 그 시를 아니?" 내가 깜짝 놀라 소리쳤다. "나는 네가 시를 좋아하지 않는다고 생각했는데……"

"왜냐고? 오빠가 나한테는 시를 암송해 주지 않으니까." 그녀는 웃으면서 말했지만 약간 어색한 표정이었다…… "오빠는 가끔 나를 완전히 바보로 여기는 거 같아."

"아주 지적인 사람도 시를 좋아 하지 않을 수 있어. 네가 시를 말하는 걸 한 번도 들은 적도 없고, 또 네가 나한테 외워달라고 부탁한 적도 없었잖니."

"언니가 도맡고 있으니까……" 쥘리에트는 잠시 침묵을 지키더니 갑자기 이렇게 물었다.

"오빠, 모레 떠나?"

"그래야 해."

"올겨울에는 뭘 할 거야?"

"고등사범학교 1학년이지, 뭐."

---

11 보들레르의 시 〈가을의 노래〉의 일부.

"언니와는 언제 결혼할 생각이야?"

"군 복무 전에는 안 할 거야. 그 후에 내가 무슨 일을 하고 싶은지 좀 더 알기 전에도 안 할 거야."

"아직 모른다는 거야?"

"아직은 알고 싶지 않아. 흥미를 끄는 것들이 너무 많아. 뭔가를 선택해서 그것만 해야 하는 시기를 가능하면 뒤로 미루고 싶어."

"오빠가 약혼을 뒤로 미루는 것도 얽매이는 게 두려워서 그런 거야?"

나는 대답을 하지 않고 어깨를 으쓱했다. 그녀가 다그쳤다. "그럼, 약혼은 무엇 때문에 미루는 거야? 왜 당장 약혼을 안 하는 거야?"

"우리가 왜 약혼을 꼭 해야 하니? 세상 사람들에게 공표하지 않아도 우리가 서로에게 속하고 또 앞으로도 그럴 것임을 알고 있는 걸로 충분하지 않니? 알리사를 위해 내 평생을 기꺼이 바칠 작정인데, 너는 약속 같은 걸로 우리의 사랑을 얽어매는 것이 더 좋아 보이니? 나는 안 그래. 내겐 서약이 사랑에 대한 모독으로 보이는데…… 알리사를 믿지 못하는 경우에 약혼을 해야지."

"내가 못 믿는 건 언니가 아니야……"

우리는 천천히 걷고 있었다. 그러다가 얼마 전에 의도치 않게 외삼촌과 알리사의 대화를 엿들은 곳에 이르렀다. 불현듯, 조금 전에 정원 쪽으로 나가는 모습이 보였던 알리사가 어쩌면 원형 교차로에 앉아 그때처럼 우리 사이의 대화를 엿듣고 있을 수도 있다는 생각이 내 뇌리를 스쳤다. 내가 직접 하지 못했던 말을 그녀에게 곧장 들려줄 수 있다는 가능성이 내 마음을 사로잡았다. 나는 이런 꾀에 신이 나서 목소리를 높였다.

"아!" 나는 내 나이에 걸맞은 약간 과장된 감격을 섞어 목소리를 높였다. 하지만 내 얘기에 너무 집중한 나머지 쥘리에트의 얘기 속에서 알리사가 말하지 않은 모든 것을 알아차리지는 못했다…… "아! 사랑하는 사람의 영혼 위로 몸을 기울여 거울 속처럼 자기가 그 영혼 안에서 어떤 모습을 하고 있는지 볼 수만 있다면! 자기 자신의 마음을 읽는 것처럼, 아니 그 이상으로 타인의 마음을 읽을 수만 있다면! 그 애정 속에는 얼마나 많은 평온함이 깃들 것인가! 그 사랑 속에는 얼마나 많은 순수함이 깃들 것인가!"

나는 자만에 차서 쥘리에트의 마음의 동요를 내 변변찮은 서정의 효과라고 생각했다. 그때 그녀가 갑자기 내 어깨에 얼굴을 파묻었다.

"제롬! 제롬! 오빠는 언니를 행복하게 해줄 거라 믿고 싶어! 언니가 오빠 때문에 괴로워한다면, 난 오빠를 미워할 거야."

"하지만 쥘리에트." 나는 그녀를 품에 안고 나서 그녀의 머리를 들어 올리면서 외쳤다. "그렇게 된다면 나 자신도 나를 미워할 거야. 알겠지……! 내가 아직 진로를 결정하기를 원치 않는 것은 알리사와 함께 내 인생을 좀 더 훌륭하게 시작하기 위해서야! 나는 나의 모든 미래를 알리사에게 걸었어. 알리사 없다면, 나는 그 어떤 것도 원치 않아……"

"오빠가 그런 말을 하면 언니는 뭐라고 해?"

"알리사에겐 이런 얘기 절대로 하지 않아! 절대로. 우리가 아직 약혼하지 않은 것은 그 때문이기도 해. 우리 사이에는 결혼도 그 이후에 할 일도 문제 삼은 적이 없어. 오, 쥘리에트! 알리사와 함께하는 삶이 너무 아름답게 보여서 내가 감히…… 이해하겠니? 내가 감히 그녀에게 이런 얘기를 꺼낼 수조차 없어."

"오빠는 행복이 언니에게 갑작스럽게 찾아들어 놀라기를 원하는구나."

"아니! 그게 아니야. 하지만 난 두려워…… 알리사를 두렵게 할까 봐. 이해하겠니……? 내가 내다보는 이 엄청난 행복이 그녀를 불안하게 할까 봐 겁이나! 어느 날, 알리사한테 여행을 하고 싶으냐고 물어 본 적이 있어. 그녀는 아무것도 바라지 않는다고 했어. 그녀는 단지 이런저런 나라들이 있고, 그곳들이 아름답고, 다른 사람들이 거기에 갈 수 있다는 것만으로 자기는 충분하다는 거야……"

"그럼 제롬 오빠는 여행하고 싶어?"

"어디든지! 내가 보기엔 인생 전체가 하나의 긴 여행 같아. 책들과 사람들과 여러 나라를 알리사와 함께하는 여행…… 너 혹시 '닻을 올리다'라는 말이 무슨 뜻인지 생각해 본 적 있니?'

"응! 종종 생각해." 쥘리에트가 중얼거렸다.

하지만 내가 건성으로 들어 쥘리에트의 말이 상처 입은 불쌍한 새들처럼 바닥에 떨어지도록 내버려둔 채, 나는 계속 말을 했다.

"밤에 떠나는 거지. 찬란한 새벽에 잠을 깨고, 불안한 파도 위에 오직 둘만이 있음을 느끼는 거야……"

"그리고 아주 어렸을 때 지도에서 보았던 어느 항구에 도착하는 거지. 그곳에서는 모든 게 미지의 것이고…… 오빠 팔에 기댄 알리사와 함께 배에서 내리는 선교 위의 오빠 모습이 상상 돼."

"우리는 서둘러 우체국으로 가겠지. 쥘리에트가 우리에게 쓴 편지를 찾으러……" 내가 웃으며 덧붙였다.

"퐁그즈마르에 혼자 남아 있는 쥘리에트가 보냈을 편지……? 언니와 오빠에게는 퐁그즈마르가 아주 작고, 쓸쓸하고, 멀게 보일 테지……"

이것들이 정확히 쥘리에트의 말이었을까? 단언할 수 없다. 왜냐하면, 여러분에게 말하지만, 내 마음은 온통 사랑으로 가득하여서 옆에서 하는 말이라도 사랑의 표현이 아닌 것에는 거의 귀를 기울이지 않았기 때문이다.

우리는 거의 원형 교차로에 이르렀다. 우리가 발길을 되돌리려는 순간, 알리사가 그늘에서 나와 갑자기 모습을 드러냈다. 그녀의 얼굴빛이 너무 창백해 쥘리에트가 큰소리로 외쳤다.

"사실 몸이 좀 안 좋아." 알리사가 서둘러 중얼거렸다. "바람이 몹시 차. 난 들어가는 편이 좋겠어." 그러고는 우리를 거기에 놔두고 서둘러 집 쪽으로 돌아갔다.

"언니가 우리가 한 얘기를 들었어." 알리사가 조금 멀어지자 쥘리에트가 소리쳤다.

"하지만 알리사가 기분 상할 만한 얘기는 하나도 안 했잖니. 반대로⋯⋯"

"갈래." 이렇게 말하고는 쥘리에트는 언니 뒤를 쫓아 달려갔다.

그날 밤 , 나는 잠을 잘 수 없었다. 알리사는 저녁 식사 때 나타났다가 머리가 아프다고 불평하며 곧 자리를 떴다. 그녀는 우리의 대화 중 무슨 말을 들었을까? 나는 걱정스러운 마음으로 우리의 대화를 되새겨보았다. 어쩌면 쥘리에트를 한 팔로 감싼 채 너무 바짝 붙어 걸었던 것이 잘못일지도 모른다고 생각했다. 하지만 그건 어릴 적부터의 습관이었다. 또 알리사는 우리가 그렇게 걷는 모습을 이미 여러 번 보았다. 아, 나는 얼마나 한심한

장님이었던가! 내 잘못은 더듬거리며 찾으면서, 내가 전혀 귀기울이지 않고 그래서 잘 떠오르지 않았던 쥘리에트의 말을 어쩌면 알리사가 나보다 더 잘 알아들었을 거라는 생각이 한순간도 떠오르지 않았던 것이다. 하지만 어쩔 것인가! 불안에 떨면서, 알리사가 나를 의심할지도 모른다는 생각에 겁을 먹고, 그리고 다른 위험은 상상하지도 못한 채, 내가 쥘리에트에게 했던 말에도 불구하고, 어쩌면 쥘리에트가 했던 말에 자극을 받아, 나는 소심함과 우려를 극복하기로, 다음날 약혼하기로 결심했다.

그날은 내가 떠나기 전날이었다. 나는 알리사의 슬픔을 그 탓일 거라고 생각했다. 그녀가 나를 피하는 것처럼 보였다. 그녀와 단 둘이서 만나지 못하고 하루가 지나갔다. 그녀에게 얘기도 못하고 떠난다는 두려움이 일어, 저녁 식사 조금 전에 나는 그녀의 방 앞까지 갔다. 알리사는 산호 목걸이를 목에 걸고 있었다. 그녀는 고리를 채우기 위해 고개는 숙이고 두 팔은 들고 등은 문 쪽으로 돌린 채 불이 켜진 두 개의 촛대 사이로 거울을 어깨 너머로 보고 있었다. 그녀가 처음에 나를 본 것은 거울 속에서였다. 그녀는 고개를 돌리지 않은 채 한동안 거울 속의 나를 바라보았다.

"이런! 방문이 닫혀 있지 않았었어?" 그녀가 말했다.

"노크를 했는데 답이 없었어. 알리사, 내가 내일 떠나는 거

아니?"

그녀는 아무 대답도 하지 않았고, 고리를 채우지 못한 목걸이를 벽난로 위에 놓았다. '약혼'이라는 단어가 너무 노골적이고 거친 것처럼 보여 그 대신에 나는 말을 돌려 완곡어법으로 말을 했다. 알리사는 내가 한 말을 이해하자마자 비틀거리더니 벽난로에 몸을 기댄 것 같았다…… 하지만 나도 어찌나 떨리던지 조심스럽게 그녀를 쳐다보지 않으려 했다.

나는 그녀 곁에서 눈을 들지도 못한 채 그녀의 손을 잡았다. 그녀는 손을 빼지 않았다. 하지만 고개를 조금 숙이고 내 손을 들어 올리더니, 그 손에 자기 입술에 갖다 대고 내게 반쯤 기대면서 속삭였다.

"아니야, 제롬, 아니야. 약혼은 하지 말자, 제발……"

내 가슴이 너무 심하게 두근거려 그녀도 느꼈으리라 생각된다. 그녀는 한결 다정하게 말을 이었다.

"안 돼, 아직은……"

내가 그녀에게 "왜?" 하고 묻자, 이렇게 말했다.

"왜냐고 물어야 할 사람은 바로 나야. 왜? 왜 바꾸려고 해?"

나는 전날의 대화를 감히 그녀에게 얘기하지 못했다. 하지만 그녀는 분명히 내가 그 생각을 한다고 느꼈는지, 내 생각에 대답이라는 듯이 나를 뚫어지게 바라보며 말했다.

"제롬, 넌 잘못 생각하고 있어. 난 그렇게 많은 행복이 필요 없어. 우리는 지금 이대로 행복하지 않니?"

그녀는 미소를 지으려고 했지만 소용없었다.

"그렇지 않아, 너와 헤어져야 하니까."

"잘 들어, 제롬. 오늘 저녁에는 네게 말 못하겠어…… 우리의 마지막 시간을 망치지 말자…… 아냐, 아냐. 나는 그 어느 때보다도 너를 사랑해. 안심해. 편지를 쓸게. 네게 설명할게. 네게 편지를 쓴다고 약속할게. 내일…… 네가 떠나자마자. 그러니 이제 그만 가줘! 봐, 내가 울고 있잖아…… 혼자 있게 해줘."

그녀는 나를 밀며 가만히 몸을 빼냈다. 그게 우리의 작별이었다. 왜냐하면 그날 저녁, 나는 그녀에게 더 이상 아무 말도 못했고, 다음날 아침 내가 출발하는 그 순간에도 그녀는 자기의 닫힌 방에서 나오질 않았기 때문이다. 창가에서 내가 탄 마차가 멀어져 가는 모습을 바라보며 작별 인사를 하는 그녀의 모습을 나는 보았다.

3

그해, 나는 아벨 보티에를 거의 볼 수 없었다. 징집되기 전에 그는 자원입대를 한 반면, 나는 수사학(修辭學)[12]을 재수강하면서 입학시험을 준비하고 있었기 때문이었다. 나는 아벨보다 두 살 아래여서 그해에 우리 둘이 입학할 예정이었던 고등사범학교를 졸업할 때까지 입대를 뒤로 미루고 있었다.

우리는 반갑게 다시 만났다. 제대하고 나서 아벨은 한 달 이상 여행을 했다. 나는 그가 변했을까 걱정했다. 하지만 그는 다만 전보다도 더 자신만만해 보였으며 매력을 전혀 잃지 않고 있었다. 개학 전날 우리는 뤽상부르 공원에서 오후를 함께 보내면서, 나는 속마음을 억누를 수가 없어 내 사랑에 대해 상세히 그

---

12 프랑스 고등학교의 최고 학급으로 현재는 '제1학급'이라고 하는데, 여기서는 고등사범학교 입학 준비를 위한 학급을 가리킴.

에게 이야기했다. 게다가 그는 이미 내 사랑 얘기를 알고 있었다. 지난해에 그는 몇몇 여자들과 사귄 경험이 있어 약간 잘난 체하면서 훈수를 두었지만 내 기분이 상하지는 않았다. 그는 내가 이른바 최후의 일격을 던질 줄 몰랐던 거라고 놀려댔고, 여자가 정신을 차리도록 내버려둬서는 안 된다는 금언을 내세웠다. 나는 그가 말하는 대로 내버려뒀다. 하지만 그의 뛰어난 논리가 나에게도 알리사에게도 맞지 않으며, 또 그가 우리를 잘 이해하지 못하고 있음을 단정적으로 보여준다고 생각했다.

아벨과 내가 도착한 다음 날, 나는 아래의 편지를 받았다.

　그리운 제롬,

　네가 제안한 것에 대해 많이 생각했어.(내가 제안한 것이라니! 우리의 약혼을 그런 식으로 부르다니!) 너에 비해 내 나이가 너무 많다는 게 걱정이 돼! 어쩌면 너는 지금은 그렇게 생각하지 않을지도 몰라. 네가 다른 여자들을 만나볼 기회가 없었으니까. 하지만 후일 내가 너에게 나 자신을 맡기고 나서, 내가 더 이상 네 마음에 들지 못한다는 걸 알게 되면, 나는 아주 힘들어질 거라는 생각이 계속 들어. 분명 너는 이 편지를 읽으면서 화를 많이 내겠지. 너의 항의가 들려오는 것 같아. 하지만 네가 세상 경험을 좀 더 할 때까지 기다려줄 것을 정말로 부탁해.

오직 너를 위해서 이렇게 말하는 걸 이해해줘. 나로서는, 절대로 너를 사랑하는 것을 멈출 수 없다는 것을 느끼기 때문이야.

알리사

우리가 서로 사랑하지 않게 된다고! 대체 이런 일이 문제될 수 있었겠는가? 나는 슬프기보다는 오히려 놀라고, 너무나 충격적이어서 곧장 아벨에게 달려가 편지를 보여주었다.

"그래, 어떻게 할 작정이야?" 그가 입술을 꼭 다물고 고개를 좌우로 흔들면서 편지를 읽고 난 다음에 말했다. 나는 불안과 비탄이 가득한 채 두 팔을 들었다.

"내 생각엔 어쨌든 답장을 하지 않는 게 좋을 것 같아! 여자와 말싸움을 시작하면 남자가 지지…… 잘 들어. 우리가 토요일에 르아브르에 가서 자면, 일요일 아침에 퐁그즈마르에 있다가 월요일 첫 강의에 시간 맞춰 여기로 돌아올 수 있어. 내가 입대한 이후로 네 친척들을 못 보았으니 그건 충분한 구실이 돼. 체면도 세우는 일이야. 만약에 알리사가 이런 것들이 구실에 불과하다는 걸 알게 되면 더 좋은 거지! 네가 알리사와 이야기하는 동안 난 쥘리에트를 맡을 게. 어리석은 짓을 하지 않도록 명심하고…… 사실을 말하면, 네 이야기에는 이해가 잘 안 되는 부분이 있는 걸로 보아, 나한테 모든 걸 털어놓지는 않은 것 같

아…… 아무튼 좋아! 내가 그걸 밝혀낼 거니까…… 우리가 간다
는 걸 절대 알리지 마. 네 외사촌 누이를 기습해서 무장할 시간
을 줘서는 안 돼.”

정원의 문을 밀어 열자 내 심장은 마구 뛰었다. 쥘리에트는
곧장 달려 나와 우리를 맞았다. 속옷을 정리하느라 바쁜 알리사
는 얼른 내려오지 않았다. 우리가 외삼촌과 미스 애슈버턴과 함
께 이야기를 나누고 있을 때 그녀가 비로소 응접실로 들어왔다.
우리의 갑작스러운 도착에 알리사가 당황했을 수도 있었지만,
적어도 겉으로는 전혀 그런 내색을 하지 않았다. 나는 아벨이
내게 했던 말을 떠올리며 그녀가 한참 동안 나타나지 않은 것은
정확히 나에 대해 ‘마음의 무장을 하기’ 위해서였다고 생각했
다. 극도로 활기찬 쥘리에트의 모습으로 인해 알리사의 신중함
은 더 차갑게 보였다. 그녀는 내가 돌아온 것을 못마땅해 하는
것 같았다. 적어도 그녀는 자신의 태도에서 못마땅함을 보여주
려 하고 있었고, 나는 그 뒤에 숨겨진 더 격렬하고 비밀스런 감
정을 감히 찾아내지 못했다. 그녀는 우리와 좀 떨어져 창가 구
석에 앉아 온통 수놓는 일에만 몰두한 채 입술을 움직여 가면서
바늘 코를 확인하고 있었다. 다행스럽게도 아벨이 말을 계속했
다! 나는 말할 기력도 없는 것처럼 느껴졌다. 아벨이 군대 생활
과 여행 이야기를 하지 않았더라면 이 재회의 첫 순간은 침울했

을 것이다. 외삼촌 자신도 유달리 근심 어린 표정이셨다.

점심 식사 후 곧장 쥘리에트가 나를 따로 불러 정원으로 데려갔다.

"나한테 청혼하는 사람이 있어, 글쎄!" 우리 둘만이 있게 되자 그녀가 크게 말했다. "어제 펠리시 고모가 아빠한테 편지를 보내, 님[13]에 사는 한 포도 재배인의 청혼을 알려주셨어. 고모 말씀이 어디를 보나 아주 좋은 사람이라고 하셨고, 올 봄에 사교 모임에서 나를 몇 번 보고 나에게 반했다는 거야."

"너도 그 남자를 눈여겨보았니?" 나는 그 구혼자에게 본능적인 반감을 표하며 물었다.

"응, 누군지 알아. 사람 좋은 돈키호테 스타일이야. 교양 없고, 아주 못생기고, 무지 쌍스럽고, 엄청 웃기는 사람이어서 고모도 그 사람 앞에서는 점잖 빼지 못한다고 해."

"그 작자…… 전도가 유망해 보여?" 나는 빈정거리는 투로 물었다.

"제롬! 농담하는 거지! 장사꾼이야……! 오빠가 그 사람을 봤다면 그런 질문을 하지도 않았을 거야."

"그래…… 외삼촌은 뭐라고 하셨는데?"

"내가 대답한 대로야. 결혼하기엔 내가 너무 어리다고……"

---

13 프랑스 남부에 있는 도시로 로마 유적지로 유명함.

그녀는 웃으면서 덧붙였다. "유감스럽게도 고모는 우리의 반대를 예상하셨고, 추신에다 에두아르 테시에르 씨는, 이게 그 사람 이름인데, 때가 될 때까지 기다리는 것에 동의하며, 단지 '줄서기' 위해서라고 쓰셨어…… 어이없어. 오빠는 내가 어떻게 하면 좋겠어? 그렇다고 그 사람이 너무 못생겼다고 말할 수도 없잖아!"

"그래. 하지만 포도 재배인하고 결혼하고 싶지 않다고 말할 수는 있지."

그녀는 어깨를 으쓱했다.

"그런 이유는 고모의 생각에 용납되지 않아…… 그 얘긴 그만해. 알리사가 오빠한테 편지 썼어?"

쥘리에트는 몹시 수다스럽게 얘기했고, 아주 흥분한 것처럼 보였다. 내가 알리사의 편지를 내밀자 그녀는 얼굴을 몹시 붉히면서 읽었다. 그녀가 이렇게 물었을 때, 나는 그녀의 목소리에서 화난 기색을 알아챘다.

"그래, 오빠는 어떻게 할 건데?"

"모르겠어." 내가 대답했다. "이곳에 와서 보니 편지를 쓰는 게 더 수월했을 거라는 생각이 들어, 벌써부터 여기 온 게 후회가 돼. 너는 알리사의 의도가 무엇인지 아니?"

"알리사는 오빠를 자유롭게 해 주려는 것 같아."

"자유, 내가 거기에 연연했나! 그럼, 너는 언니가 왜 그런 편지를 썼는지 아니?"

"아니!" 그녀가 어찌나 퉁명스럽게 대답하던지, 진실을 다 예감할 수는 없지만, 나는 적어도 그 순간부터 쥘리에트가 진실을 모르지 않을 거라고 확신했다. 우리가 걷고 있던 오솔길 모퉁이에서 갑자기 돌아서더니 그녀가 이렇게 말했다.

"이제 가 봐야겠어. 오빤 나하고 이야기하러 여기 온 게 아니잖아. 우리 둘이 너무 오래 함께 있었어."

그녀는 집을 향해 달음질쳐 뛰어갔다, 잠시 후 그녀가 피아노 치는 소리가 들렸다.

내가 응접실에 들어섰을 때 쥘리에트는 자기를 보러 온 아벨과 이야기를 나누고 있었는데, 이야기하면서 건반을 무심할 정도로, 그리고 즉흥적으로 두들겼다. 나는 그들을 남겨 두고 나왔다. 그리고는 알리사를 찾으려 한동안 정원을 헤매었다.

알리사는 과수원 안쪽의 담 밑에서 너도밤나무의 낙엽 냄새에 향기를 더하고 있는 첫 국화를 따고 있었다. 대기는 가을의 기운으로 충만했다. 햇볕은 겨우 과수원 담장만을 미지근하게 데워주었지만, 하늘은 동방의 깨끗한 하늘처럼 맑았다. 그녀의 얼굴은 젤란트[14]풍의 커다란 모자에 거의 가려져 틀에 넣어

---

1 4　네덜란드의 남서쪽 지방.

진 것 같았다. 아벨이 여행 기념으로 가져다 준 모자를 그녀가 곧장 쓴 것이었다. 내가 다가가자 처음에 그녀는 돌아보지 않았다. 그러나 나는 그녀가 억제하지 못하고 가볍게 떠는 것으로 보아 내 발자국 소리를 알아챘다는 것을 짐작할 수 있었다. 나는 내게 쏟아질 그녀의 엄격하고도 비난 어린 시선에 대비해, 마음을 굳건히 하고 또 용기를 가다듬었다. 하지만 내가 너무 가까이 다가가서 걱정이 되어 걸음을 늦추자, 그녀는 처음에는 내 쪽으로 고개를 돌리지 않고 토라진 어린애처럼 얼굴을 떨군 채 꽃이 가득한 손을 거의 등 뒤로 내밀어 나에게 오라는 신호를 하는 것 같았다. 그녀의 몸짓과는 반대로 내가 장난 삼아 멈춰 서자, 그녀가 마침내 돌아서서 내게로 몇 걸음 다가오더니 고개를 들었다. 나는 그녀의 얼굴에 미소가 가득한 것을 보았다. 그녀의 밝은 시선을 보자 모든 것이 갑자기 다시 단순하고 수월하게 보여 별 다른 노력 없이 평소와 다름없는 목소리로 말했다.

"네 편지 때문에 다시 왔어."

"그럴 줄 알았어." 그녀가 말했다. 그러고 나서 그녀는 목소리의 억양을 바꿔 책망의 말투를 누그러뜨리면서 말했다. "내가 화가 난 것은 바로 그 때문이야. 내 말을 왜 좋은 의미로 받아들이지 않지? 아주 단순한 말이었는데……(그러자 슬픔과 갈등은 이미 상상적인 것, 내 머릿속에만 존재하는 것 같았다.) 우리는 이대로 행복해. 전에도 말했잖아. 네가 바꾸어보자고 제안할 때 내가 거절한 게 뭐가 그렇게 놀랄 일이야?"

나는 알리사 곁에서 정말 행복하다고 느꼈다. 너무나 완벽한 행복이어서 내 생각이 그녀의 생각과 전혀 다를 것 같지 않았다. 나는 벌써 그녀의 미소 외에는, 또 그녀에게 손을 맡기고 가장자리에 꽃이 핀 포근한 오솔길을 따라 걷는 것 외에는 아무것도 더 이상 바라지 않았다.

"네가 원한다면, 네가 그러는 편이 좋다고 생각하면, 약혼하지 말자." 단번에 다른 모든 희망을 체념하고 그 순간의 완전한 행복에 나 자신을 내맡기면서 진지하게 말했다. "네 편지를 받았을 때, 내가 진짜 행복했다는 것과, 그런데 앞으로는 그렇지 못하리라는 것을 동시에 깨달았어. 아! 내가 누렸던 그 행복을 내게 돌려줘. 난 그 행복 없인 살아갈 수 없어. 난 평생 기다릴 수 있을 만큼 너를 사랑해. 하지만 네가 나를 사랑하지 않게 된다거나, 아니면 네가 내 사랑을 의심한다는 생각이 들면, 알리사, 나는 그런 생각은 도저히 견딜 수 없어."

"어쩜! 제롬, 나는 그건 결코 의심하지 않아."

그 말을 하면서 그녀의 목소리는 차분하면서도 슬펐다. 하지만 그녀를 환히 밝혀주는 미소는 너무나 맑고 아름다워서 우려하고 항의한 내가 부끄러웠다. 그때 그녀의 목소리 밑바닥에 잠겨 있다고 느낀 슬픈 여운도 내가 품은 우려와 항의에 기인하는 것 같았다. 두서없이 나는 내 계획과 공부 그리고 많은 것을 얻으리라 기대되는 새로운 생활에 대해 말하기 시작했다. 그 당시의 고등사범학교는 지금과 같은 그런 학교가 아니었다. 상당히 엄격한 규율은 게으르거나 다루기 힘든 학생들에게 힘든 것이었지만 학구적인 학생들에게는 의지를 북돋아주었다. 나는 거의 수도승이나 다름없는 생활 습관이 세상으로부터 나를 보호해 주리라는 점이 마음에 들었다. 이 세상이라는 것도 내게 그다지 관심을 끌지는 못했고, 또 알리사가 두려워한다는 것을 알기에 내게도 곧 충분히 싫어할 만한 것으로 보일 것이다. 미스 애슈버턴은 이전에 어머니와 함께 기거했던 파리의 아파트에 계속 살고 있었다. 아벨과 나는 그분 말고는 파리에 아는 사람이 없으므로 일요일마다 그분 곁에서 몇 시간을 보내게 될 것이고, 나는 일요일마다 알리사에게 편지를 써서 그녀가 내 생활에 대해 모르는 것이 하나도 없도록 할 것이었다.

우리는 그때 열려 있는 온실 창틀에 앉아 있었다. 마지막 열매를 따낸 굵직한 오이 덩굴이 이리저리 그곳까지 뻗어 있었다. 알리사는 내 말에 귀 기울이며 질문을 던지곤 했다. 나는 여태껏 그토록 주의 깊은 애정과 정성어린 그녀의 사랑을 느껴본 적이 없었다. 안개가 하늘의 완벽한 푸름 속으로 사라지듯이 근심, 걱정, 가벼운 불안까지 그녀의 미소 속으로 증발되고 매혹적인 친밀감 속으로 녹아 사라졌다.

뒤이어 쥘리에트와 아벨이 우리와 합류했고 우리는 너도밤
나무 벤치에 앉아, 스윈번[15]의 〈시대의 승리〉라는 시를 한 구절
씩 번갈아 크게 읽으며 남은 오후를 보냈다. 저녁이 되었다.

"자! 이제 더 이상 그렇게 공상적이 되지 않을 거라고 약속
해 줘……" 아벨과 내가 떠날 때, 알리사가 나를 포옹하면서 반
쯤은 농담으로, 하지만 여전히 손위 누이다운 태도로 말했다. 어
쩌면 무분별한 내 행동 때문에, 그리고 좋아해서 그녀가 그런
태도를 취한 것 같았다.

"그래, 약혼 했어?" 나와 다시 둘만 있게 되자 아벨이 나에게
물었다.

"이 친구야, 이제 그런 건 문제가 안 돼." 나는 대답하고서,
모든 새로운 질문을 잘라버리는 듯한 어조로 이렇게 덧붙였다.
"이대로가 훨씬 더 좋아. 오늘 저녁 이상으로 행복한 때는 결코
없었어."

"나도 그래." 그가 소리쳤다. 그러고는 갑자기 내 목을 껴안
으며 말했다. "놀랍고도 기막힌 얘기를 하나 해줄게! 제롬, 난
쥘리에트를 미칠 듯이 사랑해. 벌써 작년에 그런 생각이 조금
들었어. 하지만 그 후로 세상 경험을 더 해보았지, 그리고 네 외
사촌 누이들을 다시 만나기 전에는 네게 아무 말도 하고 싶지

---

15 영국의 시인, 극작가, 소설가 및 비평가.

않았어. 이젠 다 끝났어. 내 인생은 결정되었어.

> 나는 사랑하노라. 사랑한다니, 무슨 소리야…… 나는 숭배하노라, 쥘
> 리에트를.[16]

오래 전부터 나는 네게 일종의 동서(同壻)의 애정을 느꼈던 것 같아……"

그러고 나서 아벨은 웃고 장난치며 나를 팔로 얼싸안기도 하고, 또 우리가 탄 파리 행 열차 좌석 위에서 어린애처럼 뒹굴었다. 나는 아벨의 고백에 숨이 막혔고, 거기에 섞여 있는 문학적으로 꾸민 표현 때문에 상당히 거북했다. 하지만 그토록 벅찬 격정과 기쁨에 무슨 수로 저항하겠는가……?

"그래, 어떻게 됐어? 사랑 고백은 했어?" 그가 열렬히 감정을 토로하는 중에 나는 가까스로 물어보았다.

"아니야! 천만에!" 그가 소리쳤다. "이야기의 가장 매력적인 부분을 건너뛰고 싶진 않아.

> 사랑의 가장 아름다운 순간은

---

16 라신의 비극《브리타니퀴스》에 나오는 네롱의 대사를 흉내 낸 것.

이봐! 그것 때문에 나를 비난하려는 건 아니겠지, 너, 느림보 대장아."

"그럼, 네 생각에는 그 애 쪽에서······?" 나는 약이 올라 말했다.

"그래, 그녀가 나를 다시 보았을 때 넌 그녀의 동요를 알아채지 못했어! 그리고 우리가 방문한 동안 내내 그녀가 그렇게 흥분하고 얼굴을 붉히고 그렇게 많은 말을 쏟았는데도······! 그래, 넌 당연히 아무것도 알아채지 못했겠지. 완전히 알리사에게 빠져 있었으니까······ 그리고 쥘리에트가 어찌나 나에게 물어보는지! 얼마나 내 말을 잘 흡수하던지! 그녀는 지난 일 년 만에 아주 똑똑해졌더라. 네가 뭘 보고 그녀가 책 읽는 걸 좋아하지 않는다고 생각했는지 몰라. 너는 독서가 알리사만을 위한 것인 줄 믿고 있지······ 하지만 이 친구야, 쥘리에트가 알고 있는 건 놀라울 정도야! 저녁 먹기 전에 우리가 뭘 하며 놀았는지 알아? 단테의 〈칸초네〉 12장을 암송했어. 각자 한 행씩 암송했어. 내가 틀리면 쥘리에트가 교정을 해주었어. 너도 아는 구절이야.

아모르 체 넬라 멘테 미 라죠나[18]

쥘리에트가 이탈리아어를 배웠다는 걸 나한테 말 안 해주었잖아."

"그건 나도 몰랐던 건데." 내가 어지간히 놀라서 말했다.

"뭐라고! 〈칸초네〉를 외우기 시작할 때, 그녀는 자기에게 그걸 가르쳐준 사람이 너라고 하던데."

"분명히 내가 그걸 알리사한테 읽어줄 때 들었을 거야. 쥘리에트는 우리 옆에서, 종종 그랬듯이, 바느질하거나 수를 놓다가 들었을 거야. 하지만 이해한다는 기색은 전혀 없었는데."

"맞아! 알리사와 너는 지독한 이기주의자야. 너희 두 사람은 너희 사랑에만 빠져 쥘리에트의 지성과 영혼의 찬란한 개화에는 눈길 한번 주지 않았잖아! 자화자찬을 하자는 건 아니지만, 어쨌든 내가 때맞춰 나타난 거야…… 아냐, 아니야, 너를 원망하는 게 아냐, 알지?" 그는 다시 한 번 나를 껴안으며 말했다. "단지 이것만 약속해 줘. 알리사한테는 한마디도 하지 않겠다고. 내일은 나 혼자 처리할 테니까. 쥘리에트는 완전히 사로잡혀 있어. 그건 확실해. 다음 방학 때까지 그냥 놔둬도 좋을 만큼이야. 그때까지 그녀에게 편지도 쓰지 않을 생각이야. 하지만 너랑 나랑 신년 휴가를 르아브르에 가서 보내고, 그러고 나서……"

---

18 Amor che nella mente mi ragiona: 마음에 속삭이는 사랑의 그리움이여.

"그러고 나서……?"

"그래! 알리사가 갑자기 우리의 약혼을 알게 되겠지. 나는 일을 신속하게 해치울 작정이야. 그러면 어떤 일이 일어날지 알아? 알리사의 동의야. 네가 얻어내지 못한 그 동의 말이야. 내가 본보기를 보여줌으로써 너한테 그걸 얻어줄 거야. 우리는 너희의 결혼 전에 결혼할 수는 없다고 알리사를 설득할 거야……"

아벨은 이야기를 계속했다. 기차가 파리에 도착해도, 심지어 고등사범학교에 돌아와서도 그는 계속 무궁무진한 말의 홍수 속으로 나를 빠져들게 했다. 역에서 학교까지 걸어왔는데도, 또 밤이 깊었음에도 불구하고, 그는 내 방까지 따라와 아침까지 이야기를 계속했다.

아벨은 현재와 미래를 제멋대로 처리했다. 그는 벌써 두 쌍의 결혼식을 떠올리며 얘기했다. 각자의 기쁨과 놀라움을 상상하고 묘사했다. 또한 그는 우리의 이야기와 우정에 그리고 내 사랑에서 자기의 멋진 역할에 열광했다. 너무나 솔깃한 그의 열정에 나는 제대로 저항 한번 못 하고, 마침내 그 열기에 빠져든 기분이었고, 그의 꿈같은 제안들의 매력에 슬그머니 넘어가고 말았다. 우리의 사랑 덕분에 야망과 용기도 부풀어 올랐다. 우리는 고등사범학교를 졸업하면 보티에 목사님의 주례로 축복받는 합동결혼식을 올리고 우리 네 명은 여행을 함께 떠날 것이다. 그 다음 우리는 기념비적인 일을 착수하고, 아내들은 기꺼이 협

력자가 되어 줄 것이다. 교수직은 별로 내키지 않지만 글 쓰는 재주는 타고났다고 생각하는 아벨은 몇 편의 성공적인 희곡을 써서 그에게 부족한 재산을 빠르게 모을 것이다. 학문에서 오는 이익보다 학문 자체에 마음이 끌리는 나는 종교 철학 공부에 몰두하여 그 역사를 기술하는 계획을 세울 것이다…… 하지만 여기서 그 많은 희망들을 회상해본들 무슨 소용이 있겠는가?

다음 날, 우리는 다시 공부에 몰두했다.

4

신년 휴가까지 시간이 얼마 남지 않아서 알리사와 마지막 대화를 나눈 이후 한껏 고양되었던 나의 믿음은 잠시도 식을 줄 몰랐다. 약속했던 것처럼 나는 일요일마다 그녀에게 아주 긴 편지를 썼다. 다른 날에는 친구들과 거리를 두고 오직 아벨만을 만났고, 알리사만 생각하며 지냈다. 또한 좋아하는 책을 읽다가 나 자신보다는 그녀가 거기서 가질 만한 관심을 더 중요시하여, 그녀를 위해 많은 표시를 하곤 했다. 그녀의 편지들은 여전히 나를 불안하게 했다. 그녀는 내 편지에 꽤 규칙적으로 답장을 보냈으나, 나와 계속 연락하는 그 열성에는 그녀 마음의 자발적인 이끌림보다는 오히려 내 공부를 격려하는 배려가 더 두드러져 보였다. 또한 감상이나 토론, 비평은 나한테는 단지 내 생각을 표현하는 수단일 뿐인데, 그녀는 이 모든 것을 자기 생각을 숨기기 위해 사용하는 것처럼 보였다. 가끔 그녀가 장난 삼아 그렇게 하는 것이 아닌가 하는 의심이 들기도 했다…… 아무려면 어떤가! 아무런 불평도 하지 않기로 굳게 결심한 나는 내 편지에 그런 불안한 마음을 조금도 내비치지 않도록 노력했다.

12월 말쯤, 그때 아벨과 나는 르아브르로 출발했다.

나는 플랑티에 이모 집에서 머물 예정이었다. 내가 도착했을 때 이모는 집에 안 계셨다. 하지만 방을 정리하자마자 곧 하인이 와서 이모가 응접실에서 나를 기다리신다고 알려 주었다.

이모는 나의 건강, 거처, 학업에 대한 질문을 끝내자마자 지체 없이 다정다감한 호기심으로 물어보셨다.

"얘야, 퐁그즈마르에서 머문 것에 만족했는지 아닌지 나한테 아직 말해 주지 않았구나? 그래, 일은 조금 진척되었니?"

나는 이모의 그 섬세하지 못한 친절을 참아내야 했다. 가장 순수하고 가장 부드러운 말도 너무 가혹할 텐데, 사람의 감정을 그토록 간단하게 다루시는 이모의 말이 너무나 가혹하게 느껴졌지만, 이모의 어조가 너무 솔직하고 너무 다정했기 때문에 화를 내는 것은 어리석은 일인 것 같았다. 그래도 나는 우선 대꾸를 좀 했다.

"지난봄에는 저희의 약혼이 좀 이른 것 같다고 말씀하셨잖아요?'

"그래, 나도 안다. 처음에는 그렇게 말하는 법이야." 이모는 가슴 뭉클하게 내 손을 당신 손으로 다정하게 쥐면서 말을 이으셨다. "게다가 공부와 군대 문제 때문에 몇 해 지난 다음에야 너희가 결혼할 수 있다는 것도 잘 안다. 하물며 나는 개인적으로는 약혼이 길어지는 것에 별로 찬성하지 않아. 그러면 아가씨들이 지쳐버리거든…… 하지만 때로는 아주 감동적일 수 있지만…… 근데 약혼을 꼭 공표해야 하는 건 아니야…… 약혼을 하게 되면 단지 더 이상 그 아가씨를 쫓아다닐 필요가 없다는 사실을 사람들에게 — 아! 은밀하게 — 알릴 수 있지. 게다가 약혼을 하게 되면 너희의 편지 교환이나 교제가 공식적으로 허용되는 거지. 그리고 만일 다른 혼처가 나타나면…… 이건 얼마든지 있을 법한 일이지." 이모는 다 안다는 미소를 지으면서 넌지시 말씀하셨다. "그땐, 완곡하게 이렇게 대답하는 게 가능해…… '아닙니다, 그러실 필요 없습니다.' 쥘리에트에게 청혼이 들어왔다는 걸 너도 알고 있지! 그 애는 이번 겨울에 아주 주목의 대상이었어. 그 애는 아직 좀 어리지, 그 애도 그렇게 대답했어. 그런데 그 청년이 기다리겠다는 거야. 정확히 말해 청년은 아니지만…… 요컨대 아주 훌륭한 혼처, 아주 확실한 사람이야. 그렇지 않아도 내일이면 너도 그 사람을 만나볼 수 있을 게다. 크리스마스트리를 보러 우리집에 올 거야. 그를 본 네 인상이 어떤지 내게 말해 주렴."

"이모, 그 사람 헛수고할 것 같아요, 쥘리에트는 누군가를 마음에 두고 있을 거예요." 나는 아벨의 이름을 곧장 꺼내지 않도록 무척 애를 쓰며 말했다.

"응?" 이모는 미심쩍은 듯 입을 앞으로 내밀고 고개를 갸웃거리면서 의아한 듯이 말씀하셨다. "나를 놀라게 하는구나! 왜 그 애가 나한테는 한마디도 말하지 않았을까?"

나는 더 이상 말하지 않으려고 입술을 깨물었다.

"이런! 곧 알겠지…… 쥘리에트가 요즘 좀 아프거든." 이모가 말을 계속하셨다. "게다가 지금 문제는 그 애가 아니지. 아! 알리사도 역시 참 사랑스럽지…… 그래, 그 애에게 선언을 했니, 안 했니?"

나에게 너무나 부적절하고 난폭한 이 '선언'이라는 말에 내심 반감이 들긴 했지만, 직접 받은 질문에 거짓말을 못 하는 나는 모호하게 "네."라고 대답했다. 내 얼굴이 달아오르는 것을 느꼈다.

"그래, 그 애는 뭐라고 하든?"

나는 고개를 숙였다. 대답하고 싶지 않았다. 여전히 더 큰 혼란 속에서, 내키지 않았지만 나는 말했다.

"약혼을 거절했어요."

"그래, 그 애가 옳다. 그 깜찍한 애가!" 이모가 큰 소리로 말씀하셨다. "너희에겐 시간이야 많이 있지, 그렇고말고……"

"아! 이모, 그 얘기는 이제 그만해 두세요." 이모의 말을 막아보려 했지만 소용없었다.

"하긴 그 애가 그랬다는 게 놀랍지 않아. 네 외사촌 누이가 언제나 너보다 철이 더 들어 보였거든······"

내가 그 순간에 무슨 감정에 사로잡혔었는지 알 수 없다. 하지만 이모의 반대 심문에 나는 신경이 날카로워져서 갑자기 가슴이 찢어지는 것만 같았다. 나는 어린애처럼 마음씨 착한 이모의 무릎에 얼굴을 파묻고 흐느끼며 외쳤다.

"이모, 아니에요. 이모는 몰라요! 알리사가 기다려달라고 한 게 아니에요."

"뭐라고! 그 애가 너를 거부하기라도 했단 거냐?" 이모는 손으로 내 얼굴을 들어 올리면서 다정하게 연민에 찬 어조로 물으셨다.

"그것도 아니에요······ 꼭 그런 것도 아니에요."

나는 서글프게 고개를 저었다.

"그 애가 더 이상 널 사랑하지 않을까 봐 두려운 거니?"

"오! 아니에요. 제가 두려워하는 건 그게 아니에요."

"가엾은 녀석, 좀 더 분명하게 설명해야 내가 알아들을 게 아니냐."

나는 내 허약한 감정을 그대로 드러낸 것이 부끄럽고 난처했다. 이모는 분명 내가 불안해하는 이유를 여전히 이해하지 못하셨다. 하지만 만일 알리사가 거절한 이면에 뭔가 분명한 동기가 있다면, 이모가 그녀에게 부드럽게 물어봄으로써 어쩌면 내가 그걸 알 수 있도록 도움을 줄 수도 있을 것 같았다. 곧 이모가 먼저 그 말씀을 꺼내셨다.

"들어봐라. 내일 아침에 알리사가 와서 나와 함께 크리스마스트리를 장식하기로 했다. 대관절 어찌된 일인지 알아보고 네게 점심때 알려 주마. 그러면 네가 걱정할 만한 이유가 없다는 걸 알게 될 거야. 확실히 그럴 거다."

나는 뷔콜랭 댁으로 저녁 식사를 하러 갔다. 실제로 며칠 전부터 앓고 있던 쥘리에트는 딴 사람처럼 보였다. 그녀의 눈매가 약간 사납고 냉혹하게 보여서 여느 때보다 자기 언니와 달라 보였다. 그날 저녁에, 나는 두 사람 중 누구에게도 따로 말을 걸 수 없었다. 나도 얘기할 마음도 없었고, 게다가 외삼촌이 피로해 보이셔서 식사가 끝난 후에 나는 곧바로 물러났다.

플랑티에 이모가 준비하시는 크리스마스트리는 매년 많은 아이들과 친척들, 친구들을 불러 모았다. 이 트리는 현관에 세워졌다, 현관은 층계참으로 이어졌고, 옆에는 첫 번째 대기실과 응접실 그리고 찬장이 딸린 일종의 온실의 유리문들로 이어졌다. 트리 장식은 끝마치지 않았다. 내가 도착한 다음 날인 크리스마스 아침에 알리사는 이모의 말씀대로 꽤 일찍 와서 이모를 도와 장식, 조명, 과일, 과자, 장난감 등을 나뭇가지에 걸었다. 나도 그녀 곁에서 이런 일을 도왔으면 굉장히 기뻤을 것이다. 하지만 이모가 그녀와 얘기하도록 해야만 했다. 그래서 나는 그녀를 보지도 못했는데 집을 나와, 오전 내내 불안한 마음을 달래려고 애썼다.

나는 쥘리에트를 다시 보고 싶어 우선 뷔콜랭 댁으로 갔다. 그러나 아벨이 나보다 먼저 와 있다는 것을 듣고서, 결정적인 대화를 중단시킬까봐 걱정이 되어, 곧바로 나와 점심때까지 부둣가와 길거리를 배회했다.

"이런 바보!" 내가 집으로 돌아갔을 때 이모가 나에게 소리치셨다. "그런 쓸데없는 걱정을 하며 지내다니! 네가 오늘 아침 내게 한 이야기에는 이치에 맞는 말이 하나도 없더구나…… 아! 내가 단도직입적으로 말을 했어. 우리를 도와주느라 피곤해진 미스 애슈버턴은 산책을 내보냈지. 알리사하고 단둘이 있게 되자마자 곧장 왜 올여름에 약혼하지 않았냐고 물었어. 너는 아마 그 애가 당황했으리라고 생각하겠지? 하지만 그 애는 한순간도 동요하지 않았어. 그 애는 아주 침착하게 동생보다 먼저 결혼하고 싶지 않다고 대답했어. 네가 그 애에게 솔직하게 물어보았다면, 그 애는 너한테도 내게 한 것처럼 대답했을 거다. 네가 괴로워한 이유가 거기에 있는 거야, 안 그러냐? 보려무나, 솔직함보다 더 좋은 게 없단다…… 가엾은 알리사는 제 아비를 떠날 수 없다고도 얘기하더구나……! 오! 우리는 많은 얘기를 했다. 어린 것이 아주 철이 들었어. 아직은 자기가 너한테 어울리는 여자인지 확신이 안 서고, 너에 비해 나이가 너무 많은 게 걱정된다고 하더라. 차라리 쥘리에트 또래의 여자가 더 나을 수 있다고 생각했어……"

이모는 말씀을 계속하셨다. 하지만 나는 더 이상 귀 기울이지 않았다. 내게는 단 한 가지 사실만이 중요했다. 알리사가 자기 동생보다 먼저 결혼하는 것을 거부한다는 사실이었다. 하지만 아벨이 있지 않은가! 그러고 보면 잘난 체하는 그 녀석이 옳았다. 그가 말한 대로 우리 두 쌍의 결혼을 동시에 성사시키려 하고 있는 것이었다…….

그렇게도 단순하지만, 사실이 드러나자 나는 흥분에 빠졌고, 나는 최선을 다해 그걸 이모에게 숨겼다.

점심 식사를 마치고 곧바로 아무 핑계나 둘러대고 나는 이모 곁을 떠나 아벨을 만나러 달려갔다.

"거봐! 내 뭐라고 했어!" 나의 기쁨을 알려주자마자 아벨이 나를 껴안으며 외쳤다. "이봐, 오늘 아침 쥘리에트와 내가 한 이야기가, 거의 네 이야기밖에 없었었지만, 결정적이었다고 벌써 네게 단언할 수 있어. 그런데 그녀는 피곤하고 신경이 곤두선 것처럼 보이던데…… 내가 너무 깊숙한 얘기를 해서 그녀를 동요시키고, 또 내가 너무 오래 머물러서 그녀를 흥분시킬까 봐 걱정이 되었어. 하지만 네 말을 듣고 보니 일은 다 된 거야! 이봐, 얼른 가서 내 지팡이와 모자를 가져올게. 내가 도중에 날아오르면 나를 붙잡아줄 셈치고 뷔콜랭 댁 문까지 나를 바래다 줘. 나는 지금 유포리온[19]보다도 몸이 더 가볍게 느껴져…… 만약 쥘리에트가 자기 언니가 너에게 동의를 거절한 이유가 단지 자기 때문이라는 걸 알게 되고, 그리고 곧장 내가 청혼을 하면…… 아! 제롬, 나는 오늘 저녁 우리 아버지가 크리스마스트리 앞에서 행복에 겨운 눈물을 흘리시며 주님을 찬양하고, 무릎 꿇은 네 명의 약혼자들 머리 위에 축복의 손길을 뻗으시는 모습이 벌써부터 눈에 선해. 미스 애슈버턴은 한숨 속에서 증발해버릴 거고, 플랑티에 이모는 윗옷 속으로 녹아내릴 거며, 환하게 불이 밝혀진 크리스마스트리는 주님의 영광을 찬양할 테고,《성경》에 나오는 산들처럼[20] 손뼉을 칠거야."

해질 무렵에야 크리스마스트리에 불이 밝혀지고, 아이들과 친척들, 친구들이 그 주위로 몰려들 것이었다. 아벨과 헤어진 후 나는 할 일도 없는데다가 불안하고 초조해서 기다림을 잊기 위해 생트아드레스 절벽까지 먼 산책을 나갔다. 도중에 길을 잃고

---

19 괴테의 희곡《파우스트》의 등장인물로, 파우스트와 헬레나 사이에 태어난 아이로서 하늘을 날려고 하다가 땅에 떨어져 죽는다.

20 "여호와 앞에서 큰물이 박수하며, 산악이 함께 즐거이 노래할지어다."(〈시편〉 98장 8절).

헤맸지만 내가 가까스로 퐁랑티에 이모 집으로 돌아왔을 때는 벌써 축제가 시작되어 있었다.

현관에 들어서자마자 나는 알리사를 보았다. 그녀는 나를 기다리고 있었던 듯이 곧장 내게로 왔다. 그녀는 목 부분이 패인 곳에 작고 오래된 자수정 십자가를 걸고 있었다. 그것은 내 어머니를 기억하고자 내가 그녀에게 준 것이지만, 여태껏 그녀가 걸고 있는 것을 본 적이 없었다. 그녀의 얼굴은 초췌했으며, 고통스러운 얼굴은 내 마음을 아프게 했다.

"왜 이렇게 늦게 오니?" 빠르고 다급한 목소리로 그녀가 물었다. "너하고 이야기하고 싶었는데."

"절벽 위에서 길을 잃었어…… 그런데 어디 아픈 모양인데…… 아! 알리사, 무슨 일이야?"

그녀는 당황한 듯이 입술을 떨며 내 옆에 잠시 서 있었다. 그런 괴로운 모습에 내 가슴이 아려와 나는 감히 더 물을 수 없었다. 내 얼굴을 끌어당기려는 듯이 그녀는 내 목에 손을 얹었다. 나는 그녀가 얘기하고 싶어 한다는 사실을 알아차렸다. 하지만 그 순간 손님들이 들어왔다. 힘이 빠진 그녀의 손이 아래로 쳐졌다…….

"이젠 시간이 너무 없어." 그녀가 중얼거렸다. 그리고 내 눈에 눈물이 가득 고이는 것을 보면서, 뭔가를 묻는 내 눈길에 마치 하찮은 변명으로도 내 마음이 가라앉을 수 있다는 듯이 이렇게 대답했다.

"아니야…… 안심해. 단지 머리가 좀 아플 뿐이야. 아이들이 어쩌나 시끄럽게 떠드는지…… 이리로 피신하지 않을 수 없었어…… 이제 아이들 곁으로 돌아가야겠어."

그녀는 갑자기 내 곁을 떠났다. 사람들이 들어와 그녀와 나를 갈라놓았다. 나는 응접실에서 그녀를 다시 만나야겠다고 생각했다. 방 저쪽 끝에서 한 무리의 아이들에게 둘러싸여 놀이를 짜주는 그녀가 보였다. 그녀와 나 사이에는 아는 사람이 여럿 있었고, 나는 누군가에게 붙들리지 않고는 감히 그들 곁을 지나갈 수 없을 것 같았다. 나는 인사나 대화를 나눌 기분이 아니었다. 혹시 벽을 따라 살짝 빠져나간다면…… 나는 그렇게 시도해 보았다.

정원의 커다란 유리문 앞을 지나려 할 때, 누군가나 내 팔을 잡는 것을 느꼈다. 쥘리에트가 커튼으로 몸을 감싸고 문간에 반쯤 몸을 감추고 거기에 있었다.

"온실로 가." 그녀가 급히 말했다. "꼭 말할 게 있어. 그 쪽으로 먼저 가. 나도 곧 그리고 갈게." 그러더니 그녀는 얼른 문을 조금 열고 정원으로 슬며시 가버렸다.

무슨 일이 있었던 걸까? 나는 아벨을 만나보고 싶었다. 그가 무슨 말을 한 걸까? 무슨 일을 저지른 걸까……? 나는 현관으로 되돌아오면서 쥘리에트가 기다리고 있는 온실로 갔다.

그녀의 얼굴이 시뻘겋게 달아올라 있었다. 눈썹을 찌푸려 그
녀의 눈매가 거칠고 고통스러워 보였다. 두 눈은 열에 들뜬 것
처럼 번쩍이고 있었다. 그녀의 목소리조차도 까칠하고 경련을
일으키고 있는 듯했다. 일종의 격분으로 그녀는 흥분해 있었다.
불안하였음에도 나는 그녀의 아름다움에 놀라고 당황했다. 우
리 둘뿐이었다.

"알리사 언니가 말했어?" 그녀가 곧장 내게 물었다.

"겨우 두어 마디야. 내가 아주 늦게 돌아왔거든."

"언니는 자기보다 내가 먼저 결혼하기를 바란다는 걸 오빠
알아?"

"응."

그녀는 나를 뚫어지게 쳐다보았다.

"그럼 내가 누구랑 결혼하길 언니가 원하는지도 알아?"

나는 대답하지 않고 있었다.

"오빠란 말이야." 그녀는 외치면서 말을 이었다.

"무슨 말도 안 되는 소리야!"

"그렇지!" 그녀의 목소리에는 절망과 승리감이 동시에 섞여
있었다. 그녀는 몸을 다시 일으켜 세웠다. 아니, 그보다는 몸을
힘껏 뒤로 제쳤다…….

"이제 내가 해야 할 일이 뭔지 알겠어." 그녀는 모호한 말을
덧붙이고, 정원 문을 열더니 그녀 뒤로 난폭하게 닫았다.

내 머리와 가슴 속에서는 모든 것이 빙빙 돌았다. 관자놀이에서 피가 뛰는 것이 느껴졌다. 아벨을 다시 만나야 한다는 단 하나의 생각만이 나의 혼란스런 마음을 버티게 해 주었다. 어쩌면 그 녀석은 두 자매의 이상한 이야기를 내게 설명해줄 수 있을 것이다…… 하지만 모든 사람들이 나의 동요를 알아챌 것이라고 생각하니 나는 감히 응접실로 들어가지 못했다. 나는 밖으로 나왔다. 정원의 얼음처럼 차가운 공기가 나를 진정시켜주었다. 나는 잠시 그곳에 있었다. 밤이 내려앉고 있었으며, 바다 안개가 시가지를 감추었다. 나무들은 잎이 떨어져 있었고, 대지와 하늘은 끝없이 황량해 보였다…… 노랫소리가 들렸다. 아마 크리스마스트리 주위에 모인 아이들의 합창 소리였을 것이다. 나는 현관을 통해 안으로 들어갔다. 응접실과 대기실의 문들이 열려 있었다. 이제는 사람들이 없는 응접실에서, 피아노 뒤에 약간 가려져서 이모와 쥘리에트가 얘기를 나누고 있는 것이 보였다. 대기실에 있는 크리스마스트리 주위에 손님들이 붐비고 있었다. 아이들이 찬송가를 마치자 조용해졌다. 그러자 보티에 목사님이 트리 앞에서 설교 비슷한 말씀을 시작하셨다. 그분은 이른바 '좋은 씨를 뿌리기' 위한 기회를 결코 놓치는 법이 없으셨다. 나는 불빛과 열기에 기분이 언짢아져 다시 밖으로 나가고 싶었다. 나는 문에 기대어 있는 아벨을 보았다. 그는 조금 전부터 거기 있었음이 분명했다. 그는 적의에 찬 눈초리로 나를 바라보더니, 우리 둘의 시선이 마주치자 어깨를 으쓱했다. 나는 그에게로 갔다.

"바보 같은 자식!" 그가 나지막이 말했다. 그러고는 불쑥 이렇게 말했다. "아, 이봐! 밖으로 나가자. 좋은 말씀은 이제 넌더리가 난다!" 그리고 밖으로 나와 내가 말없이 그를 불안하게 바라보자 나에게 다시 "바보 같은 자식!" 하고 내뱉었다. "그 애가 사랑하는 사람은 바로 너야, 이 바보야! 너는 나한테 미리 얘기해 줄 수 없었어?"

나는 어안이 벙벙했다. 도저히 납득이 되지 않았다.

"아니, 말할 수 없었겠지! 너 혼자서는 그걸 알아차렸을 리가 없을 테니까!"

그는 내 팔을 붙들고 맹렬하게 흔들어댔다. 꽉 깨문 이 사이로 새어 나오는 그의 목소리는 씩씩거리며 떨렸다.

"아벨, 제발." 그가 성큼성큼 나를 마구 끌고 가는 동안, 한동안 아무 말도 못하고 있다가 나 역시 떨리는 목소리로 말했다. "그렇게 흥분하지 말고 무슨 일이 있었는지 말 좀 해봐. 난 아무것도 모른단 말이야."

그는 가로등 불빛 아래에서 돌연 나를 세우더니 내 얼굴을 뚫어져라 쳐다보았다. 그러고는 나를 와락 끌어안고는 내 어깨에 머리를 기대고 흐느끼면서 중얼거렸다.

"미안해! 나 역시 바보야. 내가 너보다 더 잘 본 것도 아니라고. 이 가엾은 친구야."

그는 울고 나서 조금 진정된 것 같았다. 그는 머리를 쳐들더니 다시 걸으면서 말을 이었다.

"무슨 일이 있었느냐고……? 이제 와서 그 얘기로 되돌아간들 무슨 소용이 있겠어? 너한테 말했지만, 나는 아침에 쥘리에트에게 얘기했어. 그 애는 유난히 예쁘고 생기가 넘쳤어. 그게 나 때문일 거라고 생각했지. 그런데 사실은 단지 우리가 너에 대한 얘기를 하고 있었기 때문이었어."

"그때 너도 그걸 알아차리지 못했단 말이야?"

"몰랐지, 정확히는 몰랐어. 하지만 지금은 아주 세세한 단서에 명백히……"

"잘못 생각하는 게 아니라고 확신해?"

"잘못 생각한다고! 천만에, 이 친구야, 장님이 아닌 이상 그애가 널 사랑한다는 걸 모를 수 없어."

"그래서 알리사가……"

"그래서 알리사가 자신을 희생하려는 거야. 자기 동생의 비밀을 알게 되자 자기 자리를 양보하려고 하는 거지. 자, 친구! 이해하기 어렵지 않지? 그렇지만…… 나는 쥘리에트에게 다시 이야기해보려고 했어. 그런데 내 첫 마디에, 아니 내 말을 이해하기 시작하자마자 그녀는 우리가 앉아 있던 소파에서 일어서더니, '난 그럴 줄 알았어요'라고 여러 차례 반복했어. 그런 줄은 전혀 몰랐다는 사람의 말투로 말이야.”

“아! 농담 좀 그만해!”

“왜? 난 이 얘기가 우스꽝스러운데…… 그녀는 언니 방으로 달려갔어. 갑자기 성난 목소리가 터져 나와 깜짝 놀랐지. 난 쥘리에트를 다시 보길 바랐는데, 잠시 후에 나온 사람은 알리사였어. 알리사는 머리에 모자를 쓰고 있었는데, 날 보기가 어색했던지 재빨리 인사만 하고는 지나쳐버렸어…… 그게 전부야.”

“넌 쥘리에트를 다시 못 봤니?”

아벨은 잠시 머뭇거렸다.

“봤어. 알리사가 나간 다음, 나는 방문을 밀었지. 쥘리에트가 거기에 있었어. 벽난로 앞 대리석 위에 팔꿈치를 대고 양손으로 턱을 받친 채 꼼짝 않고 있더라. 거울 속의 자기 모습을 뚫어져라 바라보고 있었어. 내가 들어오는 소리를 들어도 돌아보지 않고 ‘아!, 내버려두세요!’ 하고 소리를 지르면서 발을 동동 구르고 있었어. 그 말투가 어찌나 매몰차든지 나는 남아 있지 못하고 다시 나와 버렸어. 그게 다야.”

“그럼 이제는?”

“아! 너한테 말해버리니 마음이 후련해…… 이제부터? 글쎄! 너는 쥘리에트의 상사병을 치유하기 위해 애써야 할 거야. 내가 알리사를 잘못 알고 있지 않다면, 그녀는 그 전에 너한테 돌아오지 않을 테니까.”

우리는 한동안 말없이 걸었다.

"돌아가자!" 마침내 그가 말했다. "이제 손님들도 다 갔을 거야. 아버지가 나를 기다리시고 계실지 몰라."

우리는 되돌아왔다. 과연 응접실은 텅 비어 있었다. 대기실에는 장식이 벗겨지고 조명도 거의 꺼진 트리 주위에 이모와 두 자녀, 뷔콜랭 외삼촌, 미스 애슈버턴, 목사님, 외사촌 누이들, 그리고 꽤나 우스꽝스럽게 생긴 한 사람만이 남아 있었다. 나는 그 사람이 이모와 오랫동안 이야기하는 것을 본 적이 있었지만, 그때서야 비로소 쥘리에트가 내게 얘기했던 그 구혼자임을 알게 되었다. 그는 우리 중 누구보다도 크고, 강건하고, 얼굴이 붉고, 거의 대머리이며, 다른 신분, 다른 환경, 다른 태생이어서 그런지 우리 사이에서 이방인이라고 느끼는 것 같았다. 그는 무성한 콧수염 아래, 아랫입술 밑의 희끗희끗한 수염 끝을 초조하게 잡아당겼다 꼬았다 하고 있었다. 현관문들이 모두 열려 있었고, 불은 이미 꺼져 있었다. 아벨과 내가 둘 다 소리 없이 들어갔으므로 아무도 우리가 있는 것을 알아차리지 못했다. 섬뜩한 예감이 나를 엄습했다.

"멈춰!" 아벨이 내 팔을 잡으며 말했다.

우리는 그때 그 낯선 사내가 쥘리에트에게 다가가 그녀의 손을 잡는 것을 보았다. 그녀는 그를 쳐다보지도 않고 아무런 저항도 없이 손을 내밀었던 것이다. 내 마음에 어둠이 드리워졌다.

"아니, 아벨, 대체 무슨 일이 일어나고 있는 거지?" 나는 아직 이해지 못한 듯이, 혹은 옳게 이해하지 못하기를 바란다는 듯이 중얼거렸다.

"이런! 저 깜찍한 애는 한술 더 뜨고 있는 거야." 아벨이 이 사이로 새어나오는 소리로 말했다. "저 애는 자기 언니에게 지고 싶지 않은 거야. 저 위에서 천사들이 박수갈채를 보내고 있는 게 분명해!"

외삼촌은 미스 애슈버턴과 이모에 둘러싸여 있는 쥘리에트에게 가서 그녀를 포옹해주셨다. 보티에 목사님도 다가갔다…… 나는 한 걸음 앞으로 나아갔다. 알리사가 나를 보고 달려오더니 떨면서 말했다.

"아니, 제롬, 이럴 수는 없어! 쥘리에트는 저 사람을 사랑하지 않아! 오늘 아침에도 나한테 그렇게 말했어. 저 애를 좀 말려 줘, 제롬! 아! 저 애가 어쩌려고……?"

절망적으로 애원하며 알리사가 내 어깨에 매달렸다. 그녀의 괴로움을 덜어주기 위해서라면 나는 목숨이라도 바치고 싶은 심정이었다.

트리 근처에서 갑자기 외마디 소리가 들렸고, 혼잡한 웅성거림이 일었다. 우리는 달려갔다. 쥘리에트가 의식을 잃고 이모의 팔에 쓰러져 있었다. 사람들이 저마다 몰려들어 그녀를 향해 몸을 기울였기 때문에 나는 쥘리에트의 모습을 겨우 볼 수 있었다. 헝클어진 그녀의 머리칼이 끔찍할 정도로 창백한 얼굴을 뒤로 잡아당기는 것처럼 보였다. 그녀의 몸이 소스라치는 것으로 보아 결코 예사로운 기절이 아닌 것 같았다.

"아니에요! 아니라니까!" 이모가 질겁하신 외삼촌을 안심시키기 위해 큰소리로 말씀하셨다. 보티에 목사님은 검지로 하늘을 가리키면서 벌써 외삼촌을 위로하고 계셨다. "아니에요! 아무렇지 않을 겁니다. 흥분한 거예요. 단순한 신경 발작일 뿐이에요. 테시에르 씨, 당신은 건장하니 날 좀 도와줘요. 이 애를 내 방으로 데리고 올라가요, 침대에…… 내 침대에다……" 그러고 나서 이모가 큰아들 쪽으로 몸을 기울이고는 귀에다 대고 몇 마디 속삭이셨다. 그러자 의사를 부르러 가는 듯 그가 곧장 밖으로 나가는 모습이 보였다.

이모와 구혼자가 쥘리에트를 어깨 밑으로 떠받쳐서, 그녀는 그들의 팔에 안겨 반쯤 뒤로 젖혀져 있었고, 알리사는 자기 동생의 발을 들어 올려 살며시 감싸 안았다. 아벨은 뒤로 떨어지려는 그녀의 머리를 받쳤다. 아벨이 몸을 숙여 쥘리에트의 흐트러진 머리칼을 그러모으며 여러 번 입을 맞추는 모습이 내 눈에 들어왔다.

나는 방문 앞에서 멈춰 섰다.

사람들은 쥘리에트를 침대 위에 눕혔다. 알리사가 테시에르 씨와 아벨에게 몇 마디 말을 했는데, 나에게 전혀 들리지 않았다. 알리사는 두 사람을 문까지 따라 나오면서 자기 동생이 안정을 취할 수 있게 해달라고 우리에게 간청했다. 쥘리에트 곁에는 플랑티에 이모와 함께 자기만이 남고 싶다는 것이었다.

아벨이 내 팔을 잡고 나를 밖으로 끌어냈다. 우리는 목적도, 용기도, 생각도 없이 오랫동안 어둠 속을 걸었다.

5

나는 나의 사랑 이외에는 내 삶의 다른 이유를 찾지 못했다. 나는 그 사랑에 매달렸고, 사랑하는 사람으로부터 오는 것 외에 나는 아무것도 기대하지 않았고 또 더 이상 기대하고 싶지도 않았다.

그 다음 날, 내가 알리사를 보러 갈 준비를 하고 있는데, 이모가 나를 붙잡더니 방금 받은 편지를 건네주었다.

······쥘리에트의 심한 흥분 상태는 의사가 처방해 준 약으로 아침녘이 되어서야 겨우 가라앉았습니다. 지금부터 며칠간 제롬에게 이곳에 오지 말아 달라고 부탁드립니다. 쥘리에트가 그의 발소리나 목소리를 알아들을 텐데요, 그 아이에게는 절대안정이 필요하거든요······.

쥘리에트의 상태로 보아 제가 여기에 매여 있을 것 같아

격정됩니다. 사랑하는 고모, 만일 제롬이 떠날 때까지 제가 그 애를 못 보게 되면 그에게 편지를 쓰겠다는 말을 꼭 전해 주세요…….

출입금지는 나만을 겨냥한 것이었다. 이모와 다른 모든 사람들은 뷔콜랭 댁의 초인종을 자유롭게 누를 수 있었다. 이모는 그날 아침에도 그곳에 가볼 생각이었다. 내가 내는 소리를 알아들을 거라고? 얼마나 가당치 않은 핑계냐…… 상관없다!

"좋습니다. 저는 가지 않겠습니다."

알리사를 당장 보지 못한다는 것은 내게 몹시 가슴 아픈 일이었다. 그럼에도 나는 그녀를 다시 보는 것이 두려웠다. 자기 동생이 아픈 것을 내 책임으로 돌리지 않을까 두려워서 화난 그녀를 다시 보느니 차라리 보지 않는 편이 내게는 더 견디기 쉬웠다.

어쨌든 나는 아벨은 다시 보고 싶었다.

그의 집 문 앞에서 하녀가 나에게 쪽지를 전해 주었다.

네가 불안해하지 않도록 한두 자 남긴다. 르아브르에서 쥘리에트와 그렇게 가까이 머무는 것을 나는 견딜 수 없었어. 어제 저녁에 너와 헤어지고 나서 거의 곧바로 사우샘프

턴[21] 행 배를 탔어. 런던에 있는 S의 집에서 남은 방학을 보낼 계획이야. 학교에서 다시 만나자.

……모든 인간적인 도움이 한꺼번에 내게서 사라졌다. 나에게 고통만 주는 체류를 더 이상 연장하지 않고 나는 새 학기가 시작되기 전에 파리로 돌아왔다. 나는 '모든 참다운 위안과 모든 은혜, 끝없는 은총이 흘러나오는' 하느님께 시선을 돌렸다. 나는 내 고통을 그분께 바쳤다. 나는 알리사도 그분에게서 안식을 찾았으리라 생각했으며, 그녀가 기도하고 있을 거라는 생각이 내 기도를 고무시키고 고양시켰다.

알리사가 보내는 편지와 내가 쓰는 답장 외에 별다른 사건 없이 사색과 공부의 긴 시간이 흘러갔다. 나는 그녀의 편지를 전부 간직해 두었다. 이제부터 내 추억들이 모호해지면 이 편지들을 통해 방향을 잡을 것이다.

이모를 통해서 — 처음에는 오로지 이모를 통해서만 — 나는 르아브르의 소식을 들었다. 쥘리에트의 고통스러운 상태가 처음 며칠 동안 얼마나 걱정을 끼쳤는지 나는 이모를 통해 알게 되었다. 내가 떠나고 열이틀 후에야 나는 알리사로부터 다음과 같은 짤막한 편지를 받았다.

---

21   영국 잉글랜드 햄프셔 주에 있는 항구 도시.

나의 소중한 제롬, 내가 좀 더 일찍 편지를 쓰지 못한 것을 용서해 줘. 가엾은 쥘리에트의 상태 때문에 시간을 낼 수 없었어. 네가 떠난 이후로 나는 그 아이 곁을 거의 떠난 적이 없어. 우리의 소식을 전해 주십사 고모한테 부탁드렸었는데, 그렇게 해 주셨을 거라 생각해. 그래서 너도 알고 있을 테지만, 사흘 전부터 쥘리에트가 나아지고 있어. 나는 벌써부터 하느님께 감사드려. 그러나 아직은 기뻐할 수 없는 없어.

로베르에 대해서 지금까지 내가 여러분에게 별로 이야기한 적이 없었는데, 그 역시 나보다 며칠 늦게 파리로 돌아와서 자기 누이들의 소식을 내게 전해 주었다. 외사촌 누이들 때문에 내 성격의 자연스럽게 이끌리는 성향 이상으로 나는 그 아이에게 관심을 기울였다. 그가 입학한 농업학교에서 시간이 자유로울 때마다 나는 그를 돌봐 주고 그의 기분을 전환시켜주려고 노력했다.

내가 감히 알리사나 이모에게 물어볼 수 없었던 것들을 알게 된 것도 바로 로베르를 통해서였다. 에두아르 테시에르는 쥘리에트의 소식을 들으려고 끈질기게 찾아왔지만, 로베르가 르아브르를 떠날 때까지도 쥘리에트는 그를 전혀 만나지 않았다고 했다. 내가 떠난 후로 쥘리에트는 언니 앞에서 그 어떤 것으로도 꺾을 수 없을 만큼 고집스러운 침묵을 지키고 있다는 것도 나는 알게 되었다.

그리고 얼마 후에 나는 이모를 통해, 내 짐작대로 알리사는 쥘리에트의 약혼이 당장 파기되기를 바랐는데도, 쥘리에트 자신은 가능하면 빨리 약혼을 공표해주도록 요청했다는 사실도 알게 되었다. 충고, 명령, 애원도 모두 물리쳐버린 쥘리에트의 이런 결심이 이마 앞을 가로막는 막대처럼, 두 눈을 가려버린 붕대처럼 깊은 침묵 속에 그녀를 가두어버렸던 것이다……

시간이 흘렀다. 나는 알리사로부터 아주 실망스러운 짧은 편지들밖에 받지 못했고, 나 역시 그녀에게 무슨 말을 써야 할지 몰랐다. 짙은 겨울 안개가 나를 감싸고 있었다. 나의 공부 램프도, 나의 사랑과 신앙의 모든 열정이 도움이 되었으나, 아! 슬프다, 내 마음의 어둠과 냉기를 몰아내지는 못했다. 시간이 흘러갔다.

그리고 어느 성급한 봄날 아침, 알리사는 당시 르아브르를 떠나 있던 이모에게 편지를 보냈고, 이모는 그 편지를 내게 전달해주셨다. 이 이야기를 밝혀줄 수 있는 대목을 여기에 적어본다.

……저의 온순함을 칭찬해주세요. 고모가 시키신 대로 저는 테시에르 씨를 오게 했어요. 저는 그분과 오래도록 얘기를 나눴습니다. 저는 그분이 나무랄 데 없는 사람이라는 것

을 알게 되었고, 사실을 말씀드리자면 제가 처음에 우려했던 것만큼 이 결혼이 불행하지는 않으리라 것을 거의 믿게 되었어요. 쥘리에트가 그분을 사랑하지 않는 것은 확실하지만, 한 주 한 주 지나갈수록 제가 보기에 그분이 사랑받을 자격이 있다고 여겨집니다. 그분은 상황을 이야기하는 데에 통찰력이 있고, 동생의 성격도 잘못 파악하고 있지 않습니다. 그러나 그분은 자신의 사랑의 효과를 지나치게 믿고 있어, 자신의 한결같은 마음으로 극복하지 못할 것은 아무것도 없다고 자부하고 있습니다. 말하자면 그분은 홀딱 반했어요.

사실, 제롬이 그렇게 로베르를 보살펴 주고 있다는 것을 알고 무척 감동했습니다. 로베르의 성격이 제롬의 성격과 닮은 데가 별로 없기 때문에 제롬이 의무감에서만 그렇게 한다는 생각이 듭니다. 어쩌면 저를 기쁘게 하기 위해 그러는지도 모르죠. 하지만 제롬도 감당해야 할 의무가 힘겨우면 힘겨울수록 영혼은 더욱 단련되고 고양된다는 것을 이미 깨달았을 겁니다. 정말 고귀한 생각이라고 하시겠죠! 하지만 고모의 큰 조카딸을 두고 너무 웃지는 마세요. 저를 지탱해주고, 쥘리에트의 결혼을 좋은 일이라 여기려고 애쓰는 저를 도와주는 것이 바로 이런 생각이니까요……

사랑하는 고모, 고모의 애정 어린 염려가 저에게 얼마나 소중하게 느껴지는지 모릅니다……! 하지만 제가 불행하다고 생각지 마세요. 오히려 그 반대라고 말씀드릴 수 있습니다. 쥘리에트를 흔들어 놓은 시련이 저에게도 영향을 끼쳤기 때문입니다. 잘 이해하지 못한 채 반복했던 "인간을 믿는 자는 불행하도다"[22]라는 《성경》 말씀의 의미가 갑자기 확연하게 밝혀졌습니다. 저는 이 말씀을 《성경》에서 찾아내기 훨씬 전에 제롬이 제게 보내준 작은 크리스마스카드에서 읽은 적이 있어요. 제롬은 열두 살도 채 못 되었고, 제가 막 열네 살이 되던 해였지요. 그 카드에는 당시 우리의 눈에 아주 예뻐 보였던 꽃다발 곁에 코르네유[23]가 주석을 붙인 시 구절이 있었어요.

세상의 어떤 승리의 매력이
오늘 나를 주께로 이끄는가?
인간들 위에 받침대를
세우는 자는 불행하도다!

사실을 말씀드리자면, 저는 〈예레미야〉[24]의 간결한 시 구

---

2 2   〈예레미야〉 17장 5절 참조.

2 3   프랑스의 고전극 작가.

2 4   유대 왕국의 최후의 예언자.

절을 훨씬 더 좋아한답니다. 분명 제롬은 그때 이 시 구절에 별다른 주의를 하지 않은 채 카드를 골랐을 겁니다. 하지만 그의 편지로 미뤄 판단해보면, 요즘 그의 성향은 저와 상당히 비슷합니다. 그래서 저는 우리 두 사람을 동시에 당신 곁에 가까이 두신 하느님께 날마다 감사드리고 있어요.

고모와 나눈 대화를 기억하며 제롬의 공부를 방해하지 않기 위해 이제 더 이상 그에게 전처럼 긴 편지를 쓰지 않고 있습니다. 제롬 이야기를 더 많이 함으로써 제가 보상 받으려 한다고 생각하실 것 같네요. 더 계속하지 않기 위해 이만 줄이겠습니다. 이번에는 저를 너무 꾸중하지 말아주세요.

이 편지를 읽고 나서 나는 얼마나 많은 생각들을 하게 되었던가! 이모의 그 경솔하신 개입(알리사가 넌지시 얘기한 이모와의 대화, 그녀에게 침묵을 가져다 준 그 대화란 무엇이었을까?)과 이 편지를 내게 건네준 이모의 서툰 배려를 나는 저주했다. 이미 알리사의 침묵을 견디기 힘들었는데, 아! 그녀가 나에게 말하지 않은 것을 다른 사람에게 편지로 써 보낸 것을 내가 모르게 그냥 놔두는 것이 몇천 배는 더 낫지 않았겠는가! 이 편지의 모든 것이 나를 화나게 했다. 우리 사이의 사소한 비밀들을 그렇게 쉽게 이모에게 털어놓은 것, 자연스러운 어조, 침착함, 진지함, 그리고 그 명랑한 태도라니…….

"아니야, 아니라니까, 이 딱한 친구야! 이 편지를 네게 직접 쓰지 않았다는 걸 알게 된 것 말고는 이 편지에서 너를 화나게 하는 것은 아무것도 없어." 나와 매일 생활을 같이 하는 단짝인 아벨이 말했다. 아벨은 내가 얘기할 수 있는 유일한 사람이었다. 내가 외로울 때면 약한 마음, 애처롭게 동정을 구하는 마음, 나 자신에 대한 불신 때문에, 그리고 곤란한 처지에 놓일 때면 그의 충고에 대한 신뢰, 서로의 성격 차이에도 불구하고 오히려 그 차이 때문에, 나는 끊임없이 그에게로 이끌렸다.

"이 편지를 검토해보자." 그가 자기 책상 위에 편지를 펼치며 말했다.

사흘 밤이 벌써 분한 마음 위로 지나갔고, 나흘째에는 분노를 마음속에 가까스로 간직하고 있었다! 나는 그때 아벨이 이렇게 말한 상태에 거의 자연스럽게 도달해 있었다.

"쥘리에트와 테시에르 문제는 사랑의 불길 속으로 던져버리자고, 어때? 그 불길이 어떤지 우린 잘 알잖아. 그럼! 내가 보기에 테시에르는 그 불길에 타 죽는 불나방처럼 보여……"

"그런 얘기는 이제 그만하자." 그의 농담에 기분이 상해 내가 말했다. "그 다음 문제를 보자."

"그 다음 문제?" 그가 말했다. "그 다음 문제는 온통 너와 관련된 거야. 네가 웬 불평이야! 단 한 줄, 단 한마디도 네 생각으로 가득하지 않은 게 없어! 편지 전체가 네게 보내진 거나 마찬가지야. 펠리시 아주머니는 이 편지를 네게 보냄으로써 진짜 수취인에게 전달해주신 것뿐이야. 알리사가 그걸 너에게 직접 부칠 수 없으니까 어쩔 수 없이 저 마음씨 고운 아주머니께 부친 거야. 코르네유의 시 구절이 — 여담이지만 그건 라신[25]의 시 구절이야 — 네 이모님께 무슨 의미가 있겠니! 분명히 말해두지만, 알리사의 이야기 상대는 바로 너야. 알리사는 그 모든 말을 바로 너한테 하고 있는 거란 말이야. 만일 그녀가 두 주일 안에 이만큼 길고 스스럼없고 기분 좋은 편지를 너에게 써 보내도록 하지 못한다면, 넌 정말 바보야……"

"알리사가 좀처럼 그렇게 하려 들지 않을 걸."

"알리사가 그렇게 하는 건 오직 너에게 달려 있어! 충고를 원해? 지금부터 한동안…… 너희 둘 사이의 사랑이나 결혼에 대해 한마디도 꺼내지 마. 자기 동생 사건이 있은 후, 알리사가 그 점을 원망하고 있다는 걸 넌 모르겠니? 오누이 간의 우애를 겨냥해서 끊임없이 로베르에 대한 얘기만 써 보내봐. 그 바보 같은 녀석을 네가 잘 참으면서 돌봐주고 있잖아. 그저 계속해서 알리사의 머리를 즐겁게 해 주라고. 그럼 모든 일은 저절로 잘 될 거야. 아! 그녀에게 편지를 쓰는 것이 나라면!"

"너는 그녀의 사랑을 받을 자격이 없어."

---

25 프랑스의 고전극 작가.

그럼에도 나는 아벨의 충고를 따랐다. 그러자 과연 알리사의 편지가 곧 생기를 띠기 시작했다. 하지만 쥘리에트의 행복은 아니더라도 적어도 쥘리에트의 상황이 안정되기 전까지는, 알리사로부터 진정한 기쁨이나 마음을 거리낌 없이 터놓는 태도를 기대할 수 없었다.

하지만 알리사가 내게 전하는 동생에 대한 소식은 점차 나아졌다. 쥘리에트의 결혼은 7월로 예정되어 있었다. 알리사는 편지에서 그때쯤에 아벨이나 나나 학업에 매여 있을 걸로 생각된다고 했다…… 우리가 결혼식에 나타나지 않는 편이 더 나을 거라고 그녀가 생각하고 있음을 나는 알아차렸다. 그래서 우리는 시험을 핑계 삼아 축하의 말을 보내는 것으로 만족했다.

결혼식이 끝나고 약 두 주쯤 지나 알리사가 다음과 같은 편지를 보내 왔다.

그리운 제롬에게,

어제, 네가 준 아름다운 라신의 시집을 우연히 펼치다가 십 년 가까이 내 《성경》 속에 간직하고 있던, 너의 작고 오래된 크리스마스카드에 적혀 있는 네 줄의 시구절을 발견하고서 내가 얼마나 놀랐는지 생각해봐…….

세상의 그 어떤 승리의 매력이
오늘 나를 주께로 이끄는가?
인간들 위에 버팀대를
세우는 자는 불행하도다!

　나는 이 구절이 코르네유에 대한 주석에서 발췌한 것으로
생각하였고, 솔직히 그다지 훌륭하다고 생각하지는 않았어.
그런데 제4 영송가(靈頌歌)를 읽어 나가다가 너무 아름다워서
네게 적어 보내고 싶은 마음을 억제할 수 없는 구절을 발견
하였어. 그 책의 여백에 네가 대충 적어놓은 몇 개의 머리글
자들로 판단해보면, 너는 이미 이 구절을 알고 있는 것이 분
명해(사실, 나는 내 책이나 알리사의 책에다 내가 좋아해서
그녀에게 알려주고 싶은 구절이 있을 때마다 그녀의 이름의
첫 글자를 써 넣는 습관이 있었다). 어쨌든 상관없어! 내 즐
거움을 위해 그 구절을 옮겨 적는 거니까. 내가 발견했다고
생각한 것이 실상 네가 가르쳐준 것이라 처음에는 좀 기분이
안 좋았어. 하지만 너도 나처럼 이 구절들을 좋아했구나 하
고 생각하는 기쁨 앞에서 그 몹쓸 기분은 곧 사라져 버렸어.
여기에 옮겨 적으면서 나는 너와 함께 그것을 함께 읽는 것
같아.

불멸하는 지혜의 목소리가
울리어 우리를 가르치노라.
인간의 자식들아,
너희의 심려로 어떤 열매를 맺느뇨?
덧없는 영혼들아, 너희는 무슨 잘못으로
너희 혈관의 가장 순결한 피로써
그리도 빈번히 사들이는가,
너희를 먹이는 빵이 아니라,
너희를 전보다 더 굶주리게 하는
헛것을.

내가 너희에게 권하는 이 빵은
천사들의 양식으로 쓰이나니,
당신의 가장 좋은 밀알로
주께서 손수 빚으신 것.
이토록 향기로운 빵이야말로
너희가 따르는 세상의 무리는
결코 식탁에 올리지는 않나니,
나를 따르고자 하는 자에게 주리라.
가까이 오라. 너희는 살기를 바라느뇨?
받아라, 먹으라, 그리고 살아라.

......

복되게 기쁨에 사로잡힌 영혼은
주의 굴레 안에서 평화를 구하며,
결코 마르지 않는
신선한 샘물로 목을 축이나니.
누구나 마실 수 있는 이 넘치는 물,
이 물은 모든 이를 부르노라.
하지만 우리는 미친 듯 달려가
진창투성이 샘이나,
늘 물이 새는
허망한 저수지를 찾나니.

참으로 아름답지! 제롬, 참으로 아름다워! 너도 나처럼
이 시가 정말 아름답다고 생각하니? 내가 가지고 있는 판본
의 짧은 주석을 보면, 도말 양[26]이 이 송가를 부르는 것을 듣
고 있던 드 맹트농 부인[27]이 감격에 겨워 '눈물을 흘리고' 그

---

26 맹트농 부인의 비서.

27 태양왕 루이 14세의 정부 중 한 명.

한 부분을 되풀이시켰다는 거야. 이제 나도 이 송가를 완전히 외웠는데 아무리 암송해도 싫증이 나지 않아. 네가 이 송가를 읽는 네 목소리를 지금 듣지 못하는 것이 내 유일한 슬픔이야.

우리의 신혼 여행자들이 계속 전하는 소식은 아주 좋아. 끔찍한 더위에도 쥘리에트가 바이욘과 비아리츠[28]에서 얼마나 즐거운 시간을 보냈는지 너도 이미 알고 있겠지. 두 사람은 퐁타라비를 구경한 후에 부르고스[29]에 들렀고, 피레네 산맥을 두 차례나 넘었는데…… 쥘리에트는 지금 몬세라트[30]에서 감동적인 편지를 보내왔어. 님으로 가기 전에 바르셀로나에서 열흘간 더 머물 생각이래. 에두아르 씨는 포도 수확을 준비하기 위해 9월 전에는 님에 돌아가길 원한대.

아버지와 나는 일주일 전부터 퐁그즈마르로 돌아와 있어. 미스 애슈버턴은 내일 우리와 합류하실 예정이고, 로베르는

---

28 바이욘과 비아리츠는 각각 스페인 국경 가까이에 있는 프랑스 남부 대서양 연안 도시들.

29 퐁타라비와 부르고스는 각각 프랑스 국경에서 멀지 않은 스페인 북부 지방 도시들.

30 바르셀로나에서 약 50km 떨어진 산악 지역으로 성당과 수도원으로 유명하며, 세계 4대 성지로 꼽힘.

나흘 후에 오기로 되어 있어. 그 가엾은 애가 시험에 떨어진 건 너도 알고 있지? 시험이 어려웠기 때문이 아니라 시험관이 워낙 이상한 문제를 내서 당황했대. 그 애가 열심히 공부한다고 네가 나에게 편지한 것으로 보아 로베르가 준비가 안 되었다고 생각할 순 없어. 아무래도 그 시험관은 그렇게 학생들을 골탕 먹이는 것이 재미있나 봐.

제롬, 너의 합격에 대해서는, 그것이 내게 너무 당연해 보이니까 축하한다는 말을 할 필요도 없을 거야. 제롬, 나는 완전히 너를 믿어. 네 생각을 하면 곧바로 내 마음은 희망으로 부풀어. 이제부터 너는 전에 네게 말했던 그 연구를 시작할 수 있는 거지?

……이곳 정원은 변한 게 하나도 없어. 하지만 집은 텅 비어 있는 것 같아! 올해에 오지 말라고 너에게 간청한 이유를 너는 잘 이해하고 있겠지, 안 그래? 그렇게 하는 편이 더 나은 것처럼 느껴져. 나는 매일 그 생각을 혼자 되새기곤 해. 이토록 오랫동안 너를 보지 못한 채 있는 게 몹시 괴로우니까…… 가끔, 나도 모르게 너를 찾아. 책을 읽다 말고 불현듯 고개를 돌려…… 네가 거기 있는 것만 같아!

다시 편지를 쓰고 있어. 지금은 밤이야. 모두 잠이 들었고, 나는 열린 창문 앞에서 네게 편지를 쓰느라 밤늦게 남아 있어. 정원은 온통 향기로 가득 찼고, 공기는 훈훈해. 기억나니? 어렸을 때 아주 아름다운 무언가를 보거나 듣게 되면 우리는 곧장 '하느님, 감사합니다. 이런 것을 창조해주셔서'라고 생각하곤 했지. 오늘 밤 나는 진정으로 그런 생각을 하고 있어. '하느님, 감사합니다. 이토록 아름다운 밤을 만들어주셔서!' 그리고 갑자기 네가 여기 있기를 바라고, 또 여기 내 곁에 있는 느낌이야. 이런 느낌이 너무 강해 너도 분명 그걸 느꼈을 거야.

그래, 너는 네 편지에 이렇게 말하곤 했지. "훌륭하게 태어난 영혼들에게는" 감탄과 감사가 뒤섞인다고…… 아직도 네게 얼마나 많은 것들을 쓰고 싶은지! 나는 쥘리에트가 얘기해 준 그 빛나는 나라를 꿈꿔. 더 넓고, 더 찬란하고, 더 인적이 드문 다른 나라들도 꿈꿔. 언젠가, 어떤 식으로 일지는 모르지만 우리 둘이 함께 신비스러운 어떤 큰 나라를 보게 되리라는 이상한 확신이 내 마음속에 깃들어 있어…….

내가 얼마나 황홀한 기쁨에 넘쳐서, 사랑으로 흐느끼며 이 편지를 읽었는지를 분명 여러분은 쉽게 상상할 수 있을 것이다. 다른 편지들이 잇따랐다. 물론 알리사는 내가 퐁그즈마르에 가지 않은 것을 고마워했고, 금년에는 자기를 만나려 애쓰지 말아 달라고 나에게 간청했다. 하지만 그녀는 나의 부재를 아쉬워했고, 지금은 내가 곁에 있기를 바라고 있었다. 한 장, 한 장의 편지마다 그녀의 한결같은 부름이 울려 퍼지고 있었다. 나는 어디에서 그 부름에 맞설 힘을 얻었을까? 분명 아벨의 충고에서, 그리고 내 기쁨이 갑자기 무너져 내리지 않을까 하는 두려움에서, 그리고 내 마음의 이끌림에 대한 본능적인 강경한 태도에서 얻었을 것이다.

뒤이어 온 편지들 중 이 이야기를 밝혀줄 수 있는 모든 것들을 여기에 적는다.

그리운 제롬에게,

네 편지를 읽으면서 나는 기쁨에 겨워하고 있어. 오르비에토에서 보낸 네 편지에 답장을 하려던 참인데, 페루자와 아시시[31]에서 부친 편지가 동시에 도착했어. 내 마음은 여행길에 오르고, 내 몸만이 여기에 있는 것 같아. 사실상 나는 너와 함께 움브리아의 하얀 길 위에 있어. 아침이면 너와 함께 길을 떠나서, 전혀 새로운 눈으로 여명을 바라봐…… 코

---

31 오르비에토, 페루자, 아시시는 각각 이탈리아 움브리아 주의 중세 도시들로, 특히 아시시는 성 프란체스코의 고향으로 그의 유해가 안치되어 있는 성당으로 유명함.

르토나[32]의 테라스에서 네가 정말로 나를 불렀니? 네 목소리를 들었어…… 아시시 너머의 산에서는 지독하게 목이 말랐어! 그래도 프란체스코회[33]의 수도사가 준 한 잔의 물은 얼마나 맛있던지! 아, 제롬! 나는 너를 통해 모든 것을 바라봐. 네가 성 프란체스코에 대해 써준 것이 얼마나 좋았는지 몰라! 그래, 정말이지 우리가 구해야 할 것은 마음의 해방이 아니라 바로 '고양'이야. 마음의 해방은 가증스러운 오만 없이는 이루어지지 않거든. 야망을 반항이 아니라 섬김에 놓아야 하겠지…….

  ……님으로부터 오는 소식들은 아주 좋아. 하느님께서 기쁨에 몸을 맡기도록 나에게 허락해주시는 것 같아. 올여름의 유일한 걱정은 가엾은 아버지의 상태야. 내가 보살펴드림에도 불구하고 슬픔에 젖어 계셔. 혼자 계시도록 하면 오히려 금세 슬픔에 빠지곤 하셔. 아버지가 거기에서 벗어나시기가 점점 더 어려워. 주위에서 속삭이는 자연의 모든 기쁨이 아버지에게는 낯선 언어가 되어가고 있어. 이제는 그 소리를 들으려는 노력조차 안 하셔. 미스 애슈버턴은 잘 지내셔. 두

---

3 2 이탈리아 중부 토스카나 지방 아레초 주의 도시.

3 3 이탈리아의 로마 가톨릭교회 수사이자 저명한 설교가 성 프란체스코가 창립한 분파.

분께 네 편지를 큰 소리로 읽어드리고 있어. 네 편지 한 통이 사흘 동안의 얘기 거리를 마련해 준단다. 그러면 또 다른 새로운 편지가 도착하고……

……로베르는 그저께 여기를 떠났어. 남은 방학은 친구 R 의 집에서 보낼 예정인데, 그 친구의 아버지가 모범 농장을 경영하시는가 봐. 여기 생활이 그 애한테는 그다지 즐거운 것이 못 되는 게 분명해. 그 애가 떠나겠다고 말했을 때, 난 그 애의 계획을 격려해줄 수밖에 없었어……

……네게 할 말이 아주 많아. 나는 그치지 않는 이야기에 갈증이 나 있어! 가끔 말이나 뚜렷한 생각이 더 이상 떠오르지 않아. 오늘 밤에도 꿈꾸듯이 이 편지를 쓰고 있어. 나는 다만 무한히 풍부한 것들을 둘이서 거의 숨 막힐 정도로 주고받고 있는 느낌뿐이야.

어떻게 우리가 여러 달 동안 서로 침묵하고 지낼 수 있었을까? 겨울잠을 잤던 모양이야. 아, 이 끔찍한 침묵의 겨울이 영원히 끝나 버렸으면! 너를 되찾은 이후로는 삶도, 생각도, 우리의 영혼도 모두가 나에게는 한없이 아름답고 사랑스럽고 풍요롭게 여겨져.

9월 12일

피사[34]에서 보낸 네 편지 잘 받았어. 이곳도 역시 날씨가 기막히게 좋아! 여태껏 노르망디가 이처럼 아름다워 보인 적이 없었어. 그저께는 혼자서 발길 닿는 대로 들판을 가로질러 오랫동안 산책했어. 태양과 환희에 흠뻑 취해 피곤하기보다는 오히려 흥분된 상태로 돌아왔지. 불타오르는 태양 아래에서 건초 더미들이 어쩌나 아름답던지! 내가 굳이 이탈리아에 있다고 상상하지 않아도 모든 것이 아름답게 느껴졌어.

그래, 나의 벗, 네가 말하듯, 자연의 '은은한 찬가' 속에서 내가 듣고 이해한 것은 바로 기쁨에의 권유야. 나는 새들의 노래 소리에서 이것을 듣고, 꽃송이 하나하나의 향기 속에서 이것을 맡고 있어. 그리고 나는 '형언할 수 없는' 가득 찬 사랑의 마음으로, 성 프란체스코와 함께 '에 논 알트로[35]' '주여, 주여!'를 되풀이하면서, 기도의 유일한 형식은 찬양뿐이라는 사실을 깨달았어.

그렇다고 내가 '무지한 자매'가 되어 간다고 걱정하지는 마! 요즈음 책을 많이 읽었어. 며칠간 비가 내린 덕분에 찬양하는 마음을 책 속에 접어 넣었다고나 할까…… 말브랑슈[36]

---

34 이탈리아 토스카나 주에 있는 도시로, 피사의 사탑으로 유명함.

35 e non altro: 오직.

36 프랑스의 철학자 및 신학자.

를 끝내고 나서 곧바로 라이프니츠[37]의 《클라크에게 쓴 편지》를 읽기 시작했어. 그러고 나서 쉴 겸 해서 셸리[38]의 《첸치가(家)》를 읽었는데 재미없었어! 그리고 《미모사》도……네가 화를 낼지는 모르겠지만, 지난여름에 함께 읽었던 키츠[39]의 네 편의 서정 단시와 교환한다면 나는 셸리와 바이런[40]의 거의 모든 시를 내줄 수 있을 것 같아. 마찬가지로 보들레르의 소네트 몇 편을 위해서라면 위고의 모든 작품을 내줄 거야. '위대한 시인'이란 말은 별 의미가 없어. 중요한 것은 '순수한' 시인이 되는 거야…… 오, 나의 동생! 나에게 이 모든 것을 알게 해주고, 이해시켜 주고, 또 사랑할 수 있게 해줘서 고마워.

……그러지마, 며칠간 만나는 즐거움을 위해 네 여행을 단축하지 마. 진지하게 하는 말인데, 아직은 우리가 서로 만나지 않는 편이 나아. 나를 믿어줘. 네가 내 곁에 있다고 해도 지금보다 너를 더 생각할 수는 없을 거야. 너를 괴롭게 만들고 싶지는 않아, 하지만 지금은 네가 내 곁에 있는 것을 더

37 독일의 철학자, 과학자 및 수학자.

38 영국의 낭만파 시인.

39 영국의 낭만파 시인.

40 영국의 낭만파 시인.

이상 바라지 않게 되었어. 솔직히 말할까? 오늘 저녁에라도 네가 온다는 것을 알게 되면…… 나는 도망쳐 버릴 거야.

아! 제발 이런…… 감정을 네게 설명하라고 요구하지 말아줘. 내가 끊임없이 너를 생각한다는 것(이것이 '네' 행복을 위해서 충분할 거야) 그리고 나는 이대로 행복하다는 것만을 나는 알고 있을 뿐이야.

……

이 마지막 편지가 온 지 얼마 후 내가 이탈리아에서 돌아오자마자 곧바로 징집되어 낭시[41]로 이송되었다. 그곳에는 아는 사람이 한 명도 없었지만, 나는 혼자 있게 된 것이 오히려 더 기뻤다. 왜냐하면 그런 고독 속에서 알리사의 편지는 나의 유일한 피신처이며 또한 롱사르[42]가 말했듯이 그녀에 대한 추억이 '나의 유일한 엔텔레케이아[43]'라는 사실이, 애인이라는 나의 자존심에 그리고 알리사 자신에게 더 분명하게 드러났기 때문이었다.

---

4 1　프랑스 중북부에 있는 도시.

4 2　프랑스의 16세기를 대표하는 시인.

4 3　entelecheia: 아리스토텔레스의 용어로 가능성으로서의 질료(質料)가 목적하는 형상(形相)을 실현하여 운동이 완결된 상태를 의미함.

사실, 나는 우리에게 부과된 상당히 힘든 규율을 가벼운 마음으로 견뎌냈다. 나는 모든 일에 단단히 마음을 먹었고, 알리사에게 쓰는 편지에서도 나는 함께 있지 못한 것 말고는 아무런 불평도 하지 않았다. 그래서 우리는 이렇게 긴 이별 속에서 우리의 용기에 어울리는 시련이 아닌가 하고 생각하기도 했다. 알리사는 편지에 이렇게 썼다. "결코 불평을 하지 않는 너, 좀처럼 약한 모습을 상상할 수 없는 너."라고 말이다. 그녀의 말을 입증하기 위해서라면 내가 견디지 못할 게 뭐가 있었겠는가.

우리의 마지막 만남 이후로 거의 한 해가 지나갔다. 알리사는 이 점을 생각지도 않는 듯했고, 이제부터 겨우 기다림을 시작한다는 듯한 태도였다. 나는 그 점을 나무랐다. 그녀는 이런 답장을 보내왔다.

내가 이탈리아에서 너와 함께 있었잖아? 배은망덕한 친구! 나는 단 하루도 너를 떠난 적이 없어. 그러니 이제 잠시 동안 너를 따라가지 못하는 것을 이해해 줘. 나는 이 상태, 단지 이 상태를 '이별'이라 부를 수 있어. 군복을 입은 네 모습을 상상하려고 애를 써, 정말이야…… 근데 상상이 잘 안 돼. 기껏해야 저녁에 강베타 가(街)의 작은 방에서 글을 쓰거나 책을 읽고 있는 네 모습이 떠올라…… 아니야, 그것조차도 안 돼! 실제로 지금부터 일 년 후 오직 풍그즈마르 혹은 르아브르에서 너를 다시 만날 거야.

일 년! 나는 이미 지나간 날들은 헤아리지 않아. 내 희망은 서서히, 천천히 다가오는 미래의 어느 한 지점에 고정되어 있어. 정원 깊숙한 안쪽에 있는 낮은 담장을 기억하겠지? 아래쪽에는 국화가 바람을 피하고, 그 위에서 우리가 겁도 없이 걸어 다녔던 낮은 담장 말이야. 쥘리에트와 너는 천국으로 직행하는 회교도처럼 대담하게 그 위로 걸어 다니곤 했어. 나는 첫 몇 걸음만 내딛어도 현기증이 났고, 너는 밑에서 고함쳤지. "발밑을 보지 마……! 앞을 봐! 그대로 전진해! 목표를 정하고!" 그러고 나서 결국 — 소리치는 것보다는 그 편이 더 나았어 — 네가 담장 저쪽 끝으로 올라가 나를 기다렸어. 그러면 나는 더 이상 떨리지 않았어. 현기증도 더 이상 나지 않았어. 나는 너만 바라보고 너의 활짝 벌린 네 품안으로 달려가곤 했지……

제롬, 너에 대한 믿음이 없다면, 나는 어떻게 될까? 나는 너를 강한 사람이라고 느껴야 하고, 너에게 의지해야만 해. 약해지지 마.

우리는 일종의 도전 정신에서 기다림을 짐짓 연장하고, 또 불완전한 재회에 대한 두려움에서, 내가 며칠간의 새해 휴가를 파리의 미스 애슈버턴 곁에서 보내는 데 합의했다……

여러분에게 말했지만, 내가 알리사로부터 받은 편지들을 전부 옮겨 쓰는 것은 결코 아니다. 다음은 2월 중순경에 받은 편지다.

그저께 파리 가(街)를 지나다가 M 서점 진열창에 아벨의 책이 버젓이 진열돼 있는 것을 보고 깜짝 놀랐어. 네가 미리 알려 주기는 했지만 '실제로 그러리라고는' 믿을 수가 없었거든. 나는 호기심을 참을 수가 없어서 서점으로 들어갔어. 그런데 제목이 너무나도 우스꽝스럽게 보여서 차마 점원한테 그걸 말하지 못하고 망설였어. 아무 책이나 사서 나오려고 하는데, 다행히 《교태》가 계산대 옆에 작은 무더기로 쌓여 손님을 기다리고 있었지. 나는 책 한 권 집어 들고 말할 필요도 없이 백 수를 던지고 나와 버렸어.

아벨이 자기 책을 보내주지 않은 것을 다행으로 생각해. 부끄러워 책장을 넘길 수가 없었어. 그 책 자체가 창피한 게 아니라 — 거기에서 외설보다는 오히려 어리석음을 보았는데 —, 아벨, 네 친구인 아벨 보티에가 그 책을 썼다는 게 더 창피했어. 《르 탕》[44]의 평론가가 그 책에서 발견했다는 '위

---

44 1861년 창간된 프랑스의 잡지.

대한 재능'을 찾아보려고 한 장, 한 장 넘겼지만 헛수고였어. 아벨이 곧잘 화제에 오르는 르아브르의 이 작은 지역 사회에서는 그 책이 꽤 좋은 반응을 얻고 있다고 해. 그 치유 불가능한 경박한 정신이 "경쾌함"이나 "우아함"으로 불리는 소리도 들려. 물론 나는 신중하게 입을 다물고 있고, 그 책을 읽었다는 것도 오직 너한테만 말하는 거야. 가엾은 보티에 목사님도 처음에는 딱하게 여기시더니, 결국에는 자랑거리로 여길 만한 게 아닌가 생각하시더라. 주위에 있는 사람들 모두가 목사님이 그렇게 생각하시도록 애쓰고 있어. 어제는 플랑티에 고모 댁에서 V 부인이 불쑥 이렇게 말했어. "목사님, 자제분이 크게 성공하셨으니, 기쁘시겠어요!" 약간 당황하신 목사님이 이렇게 답을 하셨어. "뭘요, 아직 그럴 정도는……" 그러자 고모가 말씀하셨어. "하지만 그렇게 될 거예요. 그렇게 되고말고요!" 물론 악의는 없었지만 지나치게 용기를 북돋우는 어투여서 모두가 웃음을 터뜨렸어. 심지어 목사님까지도.

그러니 《신(新) 아벨라르》가 상연되면 그 꼴이 어떨까? 불르바르의 어느 통속 극장에서 상연하려고 아벨이 준비 중이라고도 하고, 신문에서도 벌써부터 떠들어대는 모양이던데…… 가엾은 아벨! 그가 바라는 성공, 그가 만족스럽게 생각할 성공이 그런 걸까?

어제는 《내면의 위안》[45]에서 이런 구절을 읽었어. "진실하고 영원한 영광을 진정으로 바라는 자는 일시적인 영광에 개의치 않느니라. 마음속으로 이를 경멸하지 않는 자는 천상의 영광을 사랑하지 않음을 몸소 보이는 자이니라." 그래서 나는 생각했어. '하느님! 지상의 그 어떤 영광과도 비교할 수 없는 천상의 영광을 위해 제롬을 선택해주신 것을 진심으로 감사드립니다.'

몇 주, 몇 달이 단조로운 일과 속에서 흘러갔다. 그러나 나의 생각이 추억이나 희망에만 매달려 있었기 때문인지 세월이 느리게 간다거나 시간이 지루하다는 것을 거의 깨닫지 못했다.

외삼촌과 알리사는 6월에 쥘리에트를 만나러 님 근처로 가기로 했다. 쥘리에트의 해산 일이 그 무렵이었다. 그런데 조금 좋지 못한 소식이 와서 두 사람은 서둘러 출발하게 되었다. 알리사가 이런 편지를 보내왔다.

르아브르로 보낸 네 마지막 편지는 우리가 그곳을 떠난 직후에 도착했어. 어떤 일로 일주일이 지난 다음에야 이곳

---

45   라틴어로 된 토마스 아 캠피스의 《그리스도를 본받아》의 프랑스어 판본으로 15세기에 출간되었음.

내 손에 들어오다니 난 이해할 수 없어. 한 주 내내 나는 왠지 허전하고, 무섭고, 불안하고, 위축된 마음이었어. 아, 내 동생! 너와 함께 있을 때만 나는 진정한 나일 수 있고, 나 이상일 수 있어······

쥘리에트는 다시 건강해졌어. 우리는 하루하루 별다른 걱정 없이, 그 애가 해산하기만을 기다리고 있어. 오늘 아침 내가 너에게 편지를 쓰고 있다는 걸 그 애도 알아. 우리가 애그비브에 도착한 다음 날 그 애가 나에게 물었어. "그래, 제롬은 어때······? 그가 여전히 편지 써······?" 그래서 내가 거짓말하지 못하고 말을 하자 그 애는 이렇게 말했어. "이번에 편지할 때는 이렇게 말해줘." 한동안 망설이더니 그 애가 정겹게 웃으며 말했어. "······내가 다 나았다고." 항상 명랑한 그 애의 편지를 받을 때마다 나는 그 애가 억지로 행복한 척 연극을 꾸미는 것은 아닐까, 그 애 자신이 그런 연극에 속아 넘어가는 것은 아닐까 걱정했거든······ 요즈음 그 애의 행복을 이루는 것들은 과거에 그 애가 꿈꾸던 것, 그 애의 행복을 좌우하는 것처럼 보였던 것들과는 너무 달라······! 아! 우리가 '행복'이라 부르는 것이 어쩌면 이렇게 영혼과 깊은 관계가 있을까! 행복을 이루는 것처럼 보이는 외부 요소들이란 어쩌면 이렇게 사소할까! '덤불숲'을 혼자 거닐면서 수없이 했던 생각들을 여기에 다 쓰지는 않겠어. 다만 거기서 가장 놀라운 것은, 이제 내가 전보다 즐거움을 느끼지 못한다는 사실이야. 쥘리에트가 행복한 걸로 만족해야 할 텐데…… 왜 내 마음은 이해할 수도 없고 물리칠 수도 없는 우울함에 빠져드는 걸까? 내가 느끼는, 아니 적어도 내가 인정하는 이 고장의 아름다움조차 뭐라 설명할 수 없는 내 슬픔을 더해줄 뿐이야…… 네가 이탈리아에서 편지를 썼을 때, 나는 너를 통해 모든 것을 볼 수가 있었어. 하지만 난 지금 너한테서 너 없이 바라보는 모든 것을 훔치는 듯한 느낌이 들어. 그때 풍그즈마르와 르아브르에서 나는 울적한 날에 대비해 버텨낼 수 있는 힘을 길렀는데, 여기서는 그 힘이 더 이상 통하지 않고 쓸모없다고 느껴져 불안해. 이 고장과 이곳 사람들의 유쾌한 기질을 대하면 기분이 상해. 어쩌면 내가 '슬프다'고 부르는 것은 단지 그들처럼 떠들썩하지 않은 것에 불과할지도 몰라…… 분명 이전에 내가 느꼈던 기쁨에는 어떤 오만함이 깃들어 있었어. 왜냐하면 지금 이 낯선 유쾌함의 한가운데에서 나는 굴욕감과 다르지 않은 것을 느끼고 있기 때문이야.

이곳에 온 이후로 나는 기도를 거의 드리지 못하고 있어. 나는 하느님이 더 이상 같은 곳에 계시지 않는다는 어린애 같은 생각이 들어. 잘 있어. 여기서 그만 끝내야겠다. 이런 불경한 말, 나의 나약함, 내 슬픔 모두가 부끄러워, 그리고 그것을 고백하고, 그 모든 이야기를 너에게 쓰는 것도 부

끄러워. 만약 우체부가 오늘 저녁에 가져가지 않으면 내일이
면 이 모든 얘기를 찢어버릴 거야······.

알리사는 그 다음 편지에서 자기가 대모(代母)가 될 조카딸
의 출생, 쥘리에트의 기쁨, 외삼촌의 기쁨에 대해서만 얘기했을
뿐······, 그녀 자신의 감정에 대해서는 더 이상 언급하지 않았다.
  그런 다음 퐁그즈마르의 소인이 찍힌 편지가 다시 오기 시
작했다. 쥘리에트도 7월에 거기에 와 있었다······

    테시에르 씨와 쥘리에트가 오늘 아침에 떠났어. 특히 나
  의 어린 대녀가 떠나버린 것이 아쉬워. 여섯 달 후에 아기를
  다시 보면 난 그 귀여운 몸짓을 알아보지 못할 거야. 나는 그
  애가 만드는 몸짓 하나하나를 놓치지 않고 다 지켜봤어. '성
  장'은 언제나 신비롭고 놀라워. 우리가 좀 더 자주 놀라지 않
  는 것은 바로 주의력 결핍 때문이지. 희망이 가득한 그 조그
  만 요람 위로 몸을 기울이며 내가 얼마나 많은 시간을 보냈
  는지 모르겠어. 도대체 어떤 이기심 때문에, 어떤 만족감 때
  문에, 최선을 향한 어떤 열망의 결핍 때문에, 발전은 그렇게
  빨리 멈춰버리고, 모든 피조물은 하느님에게서 그렇게나 멀
  리 떨어진 상태에서 고정되어 버리는 걸까? 아! 하지만 우리
  가 하느님께 더욱 가까이 갈 수 있고 더 가까워지길 원한다

면…… 이 얼마나 멋진 경쟁이 될까!

줼리에트는 아주 행복해 보여. 그 애가 피아노와 독서를 포기하는 걸 보고 처음에는 슬펐지. 하지만 에두아르 테시에르 씨는 음악을 좋아하지도 않고 책에도 별다른 흥미가 없어. 분명 남편이 따라오지 못할 즐거움을 추구하려 애쓰지 않은 줼리에트가 현명할 수도 있어. 반면에 그 애는 남편의 일에 흥미를 붙이고, 남편도 자기 사업에 대한 이야기를 다 그 애에게 들려준다고 해. 올해 들어 사업 규모가 많이 커졌대. 르아브르에 손님이 생긴 것도 모두 결혼 덕택이라고 테시에르 씨가 즐겨 말하나봐. 로베르는 최근에 그가 출장 갈 때 같이 갔어. 테시에르 씨는 그 애에게 관심을 각별히 기울이며, 자기가 그 애의 성격을 잘 안다고 장담하면서 언젠가 이런 일에 진지하게 실력을 기를 거라고 낙관하고 있어.

아버지는 훨씬 나아지셨어. 딸이 행복해하는 모습을 보시더니 다시 젊어지신 모양이야. 농장이나 정원 일에도 다시 흥미를 가지셔. 또한 미스 애슈버턴하고 셋이 시작했다가 테시에르 가족의 체류로 중단되었던 큰 소리 책 읽기를 다시 하자고 나에게 막 요청하셨어. 내가 두 분께 읽어드리고 있는 것은 오스트리아의 외교관인 휘브너 남작의 여행기인데, 나 자신도 큰 재미를 느껴. 나도 이제 책 읽는 시간이 좀 더 많아 질 거야. 하지만 네가 조언을 했으면 해. 오늘 아침에 몇 권의 책을 하나하나 뒤적거려 보았는데, 어느 것 하나 마음에 끌리지 않았어……!

알리사의 편지는 이때부터 더욱 혼란스러워지고 절박해졌다. 여름이 끝나갈 무렵 알리사가 이런 편지를 보냈다.

네가 걱정하는 것이 염려스러워서, 내가 너를 얼마나 기다리는지 말하지 않을 수가 없어. 너를 다시 만나기 전까지 그럭저럭 보내야 하는 나날이 나를 짓누르고, 나를 압박해. 아직도 두 달! 너와 떨어져 지낸 시간보다도 이 두 달이 더 긴 것 같아! 기다림을 달래보려는 모든 시도가 터무니없는 방편으로 보여서, 나는 그 어떤 일에도 전념할 수가 없어. 책은 실효도 매력도 없고, 산책도 재미가 없어. 자연 전체가 위엄을 잃었고, 정원은 퇴색해 향기가 없어. 나는 너의 고된 근무, 네가 선택하지 않은 그 강제적인 훈련이 부러워. 너를 끊임없이 네 자신에게서 끌어내고, 너를 지치게 하고, 너의 나날을 쏜살같이 지나가게 하고, 밤에는 피곤해진 너를 잠 속으로 내몰 테니까 말이야. 군사훈련에 대한 너의 감동적인 묘사가 내 뇌리를 떠나지 않아. 잠 못 이루던 최근 며칠 밤, 나는 기상나팔 소리에 놀라 여러 번 잠에서 깼어. 정말 그 소리를 들었던 거야. 네가 얘기한 그 가벼운 도취, 새벽의 환희, 그리고 반쯤 현기증 나는 상태를 나는 너무 잘 상상할 수 있어…… 차가운 새벽녘의 찬란함 속에서 말제빌[46] 고원은 얼마나 아름다웠을까……!

얼마 전부터 몸이 좋지 않아. 아! 대수로운 건 아니야. 단지 네가 오기를 너무 고대하고 있나 봐.

그리고 여섯 주 후에 이런 편지를 보냈다.

제롬, 이것이 내 마지막 편지야. 네가 돌아올 날짜가 아직 정해지지 않았지만, 아주 오래 미루어질 리는 없을 테니까 말이야. 이제 네게 더 이상 편지를 쓸 수 없을 거야. 너를 퐁그즈마르에서 만나고 싶었지만, 날씨가 나빠져 요즈음은 너무 추워서 아버지도 시내로 돌아가자는 말씀밖에 안 하셔. 지금은 쥘리에트도 로베르도 우리와 함께 있지 않아서, 네가 우리 집에 묵는 것은 수월하겠지만, 그래도 플랑티에 고모 댁에 있는 편이 나을 거야. 고모도 너를 다시 보면 기뻐하실 테고.

만날 날이 가까워 올수록 내 기대는 점점 불안한 마음으로 변해 가. 거의 두려움에 가까워. 네가 돌아오기를 그토록 바랐건만 지금은 두려운 것만 같아. 더 이상 그런 생각은 하

---

46 프랑스 알자스로렌 지방의 낭시 동쪽에 있는 마을 이름.

지 않으려고 애쓰고 있어. 하지만 네가 초인종을 누르는 소리, 계단을 올라오는 네 발소리를 상상해. 그러면 심장의 고동이 멈춰버리는 것 같고, 가슴이 콱 막혀…… 특히 내가 말을 할 거라고 기대하지 마…… 나의 과거가 거기서 끝나 버리는 것 같은 느낌이야. 그 너머에는 아무것도 보이지 않아. 내 삶이 정지하는 듯해…….

하지만 나흘 후에, 즉 제대를 일주일 남겨 놓고 나는 아주 짤막한 편지를 한 통 더 받았다.

제롬, 네가 르아브르에서의 체류나 우리 첫 만남의 시간을 지나치게 길게 하지 않으려고 애쓰는 것에 나도 전적으로 동의해. 지금까지 서로 편지에 쓴 것 이외에 무슨 할 말이 있겠어? 그러니 학교 등록 때문에 28일까지 파리에 가야 한다면 망설이지 말고 가도록 해. 우리가 같이 보낼 날이 이틀밖에 주어지지 않아서 너무 섭섭해 하지 마. 우리에게는 앞으로 한평생이 남아 있잖아?

6

우리의 첫 재회가 이루어진 것은 플랑티에 이모 집에서였다. 군복무 탓인지 갑자기 나 자신이 무겁고 둔해진 느낌이었다…… 그리고 알리사도 내가 변했다고 생각하는 것 같았다. 하지만 우리 사이에 이런 거짓된 첫인상이 뭐 그리 중요하겠는가? 내가 알던 과거의 그녀가 더 이상 아닐까 봐 너무 두려워 나는 처음에는 그녀를 거의 쳐다보지 못했다…… 아니다, 우리를 어색하게 만든 건 오히려 사람들이 억지로 부여하여 어울리지 않는 약혼자라는 역할과 우리 둘만 남겨 놓고 서둘러 자리를 비키는 그들의 태도였다.

"하지만 고모, 고모가 계셔도 전혀 방해가 안 돼요. 저희끼리 비밀스럽게 말할 이야기 같은 건 없어요." 자리를 피해 주려고 이모가 요령 없이 애쓰시자, 알리사가 마침내 큰 소리로 외쳤다.

"천만에! 천만에, 얘들아! 난 너희를 잘 이해한다. 오랫동안 못 만나고 지내다 보면 서로 자질구레한 이야깃거리가 쌓이는 법이야……."

"고모, 부탁이에요. 그렇게 나가 버리시면 저희가 더 불편해져요." 이 말을 할 때 거의 화난 어투여서 그녀의 목소리라고 여겨지지 않을 정도였다.

"이모, 이모가 나가 버리시면 저희는 정말로 한마디도 안 할 거예요!" 나는 웃으면서 말했지만, 우리 둘만 남게 되면 어쩌나 하는 두려움이 들었다. 그래서 세 사람이 대화를 나누었지만, 거짓으로 즐거운 체하는 평범한 대화였고, 그 이면에는 저마다 불안한 마음을 감추고 억지로 활발한 척하는 대화였다. 우리는 그다음 날 다시 만나기로 했다. 외삼촌이 나를 점심에 초대하셨기 때문에 우리는 그 다음 날 다시 보기로 했다. 그래서 첫날 저녁에는 그런 희극에 종지부를 찍는 것이 다행스러워서, 우리는 별어려움 없이 헤어졌다.

나는 식사 시간 훨씬 전에 도착했다. 그러나 알리사는 자기 친구와 이야기를 나누고 있었다. 알리사는 그 친구를 차마 돌려보내지 못했고, 또 그 친구도 눈치껏 떠나주지 않았다. 마침내 그 친구가 떠나고 우리 둘만 남게 되자, 나는 알리사가 그 친구를 식사 때까지 붙들지 않은 것에 짐짓 놀라는 척했다. 우리 둘모두 밤잠을 설친 탓에 피곤하고 신경이 날카로워져 있었다. 외삼촌이 들어오셨다. 알리사는 내가 외삼촌을 늙었다고 생각하는 것을 눈치 챘다. 외삼촌은 귀가 어두워져서 내 말소리를 잘 알아듣지 못하셨다. 외삼촌이 알아듣도록 큰 소리를 질러야 했기 때문에 내 이야기는 뒤죽박죽이 되었다.

점심 식사 후, 플랑티에 이모가 약속하신 대로 마차를 끌고 우리를 데리러 오셨다. 이모는 돌아오면서 알리사와 둘이서 가장 운치 있는 길에서 산책하게 할 의도로 오르셰르까지 태워주셨다.

계절에 비해 무더운 날씨였다. 우리가 걸었던 언덕배기는 햇볕에 드러나 있어 아무런 운치도 없었다. 잎이 떨어진 나무들은 쉴 그늘도 마련해 주지 않았다. 이모가 기다리고 계시는 마차로 돌아가야 한다는 생각에 쫓겨 우리는 무리할 정도로 걸음을 재촉했다. 두통으로 터질 듯한 머리에서 나는 아무 생각도 해낼 수 없었다. 나는 걸으면서 알리사가 내맡긴 손을 쭉 쥐고 있었다. 그것은 태연한 척하기 위한 것인지, 아니면 그런 태도가 말하는 것을 대신할 수 있었기 때문인지 모르겠다. 강렬한 감정과 숨 가쁠 정도의 빠른 걸음, 어색한 침묵 때문에 피가 얼굴로 쏠렸다. 나는 관자놀이에서 맥박이 뛰는 것을 느꼈고, 알리사의 얼굴은 불쾌할 정도로 상기되어 있었다. 이윽고 땀에 젖어 축축해진 손을 서로 잡고 있다는 느낌이 들자 서로 어색해져 잡았던 손을 쓸쓸히 놓아버렸다.

우리는 너무 서둘러 와서, 마차보다도 훨씬 앞서 네거리에

도착했다. 이모는 우리에게 이야기를 나눌 시간을 주기 위해 마차를 다른 길로 아주 천천히 몰고 오셨던 것이다. 우리는 언덕 비탈에 앉았다. 땀에 흠뻑 젖어 있었기 때문에 갑자기 불어 온 서늘한 바람에 몸이 오싹했다. 그래서 우리는 일어나 마차를 마중하러 갔다…… 하지만 가장 곤란한 것은, 우리가 충분히 얘기를 나눴으리라 확신하고 우리의 약혼에 대해 캘 준비가 된 가련한 이모의 성급한 배려였다. 알리사는 그것을 견디지 못하고 눈물이 그렁그렁한 눈으로 머리가 몹시 아프다는 핑계를 댔다. 돌아오는 길은 침묵 속에서 끝났다.

다음 날 나는 온몸이 쑤시고 감기가 든 상태에서 깨어났는데, 몸이 너무 괴로워서 정오가 지난 후에야 뷔콜랭 댁에 가기로 마음먹었다. 공교롭게도 알리사는 혼자가 아니었다. 펠리시이모의 손녀들 중 한 명인 마들렌 플랑티에가 거기 있었다. 내가 알기로 알리사는 그 아이와 이야기하는 것을 좋아했다. 그 아이는 며칠간 할머니 댁에 와 있었던 것인데, 내가 들어서자 이렇게 외쳤다.

"여기서 나갈 때 곧장 언덕을 지나 돌아갈 거면 우리 함께 올라가요."

나는 무심코 승낙해버렸다. 그래서 알리사와 단둘이 있을 수가 없었다. 하지만 그 귀여운 아이가 있는 것이 우리에게는 확실히 도움이 되었다. 나는 전날과 같은 견디기 힘든 어색함을 겪지 않아도 되었던 것이다. 얼마 지나지 않아 우리 셋 사이에는 쉽게 대화가 이루어졌고, 애초에 내가 우려했던 것보다 더 피상적이지도 않았다. 내가 알리사에게 작별 인사를 하자 그녀는 묘한 미소를 지었다. 그때까지 내가 다음 날이면 떠난다는 사실을 그녀는 모르는 듯 보였다. 게다가 곧 다시 만날 수 있다는 희망 때문에 내 작별 인사에는 슬픈 느낌이 스며 있지 않았다.

하지만 저녁 식사를 마치고 나는 막연한 불안감에 사로잡혀, 다시 시내로 내려갔다. 뷔콜랭 댁의 초인종을 다시 누르고자 마음먹기까지 한 시간 가량을 배회했다. 나를 맞은 것은 외삼촌이었다. 알리사는 몸이 안 좋아서 이미 자기 방으로 올라가 곧장 잠이 든 모양이었다. 나는 외삼촌과 잠시 이야기를 나눈 다음 떠났다…….

이런 빗나간 일들이 유감스러웠지만, 지금 그것을 비난해봤자 부질없는 일일 것이다. 설사 모든 일이 우리에게 유리하게 진행되었다고 해도 우리는 또 다시 그런 어색한 상황을 만들어냈을 것이다. 하지만 알리사 역시 이런 상황을 느꼈다는 것보다 더 나를 비통하게 만든 것은 없었다. 파리로 돌아오자마자 나는 이 편지를 받았다.

친구여, 얼마나 슬픈 재회였던가! 너는 그 책임을 남들에게 돌리는 것 같았어. 그러나 정작 너 스스로도 그걸 확신하지 못했어. 이제 나는 앞으로도 늘 그럴 거라 생각하고 또 그러리라는 것을 알아. 제발 더 이상 다시 만나지 말자!

서로 할 말이 많았는데도 우리는 왜 그런 어색한 느낌과 거북한 감정, 그런 마비 상태, 그런 침묵에 휩싸였던 걸까? 네가 돌아온 첫날에는 그런 침묵조차도 즐거웠어. 침묵이야 사라질 것이고, 네가 나에게 멋진 이야기들을 들려주리라 믿었으니까. 그러기 전에 네가 결코 떠나지 않을 거라고 생각했어.

그러나 오르셰르에서의 침울한 산책이 아무런 말없이 끝나는 걸 보고, 특히 서로의 손을 아무런 희망 없이 풀고 내려뜨렸을 때, 나는 슬픔과 고통으로 가슴이 미어지는 것 같았어. 나를 가장 슬프게 한 것은, 네 손이 내 손을 놔버렸다는 것이 아니라 네 손이 그러지 않았더라면 마침내 내 손이 네 손을 놔버렸으리라고 느껴졌다는 거야. 왜냐하면 내 손도 네 손 안에서 더 이상 즐겁지 않았으니까.

그 이튿날, 그러니까 어제, 나는 아침 내내 너를 미친 듯이 기다렸어. 집에 있기에는 너무 심란해서 네가 오면 방파제에서 만나자는 쪽지를 남기고 집을 나왔어. 파도가 일렁이는 바다를 오랫동안 바라보고 있었지. 그러나 너 없이 바라보는 것이 너무 가슴 아팠어. 네가 내 방에서 기다리고 있다는 생각이 불현듯 들어 나는 집으로 다시 돌아왔어. 오후에 나는 자유롭지 못하다는 걸 알고 있었어. 그 전날 마들렌이 들르겠다고 미리 알렸거든. 아침에 너를 만날 것으로 생각하고, 그녀가 와도 좋다고 했던 거야. 하지만 그 아이 덕분에 이번 우리의 재회에서 유일하게 즐거운 시간을 보낼 수 있었던 것 같아. 편안한 대화가 오래오래 계속되리라는 어이없는 환상을 잠시 품었거든…… 그래서 내가 마들렌과 같이 앉아 있던 소파로 네가 다가와 내게 몸을 굽히면서 '작별 인사'를 했을 때, 나는 아무런 대답도 할 수 없었어. 모든 게 끝나 버리는 것 같았어. 갑자기 네가 떠난다는 사실을 깨달았던 거야.

네가 마들렌과 함께 떠나자마자, 네가 떠난다는 것은 도저히 있을 수도, 참을 수도 없는 일로 여겨졌어. 내가 뒤쫓아 나갔던 걸 넌 모르지……? 나는 너와 더 말하고 싶었고, 네게 하지 못했던 모든 이야기를 해주고 싶었어. 나는 벌써 플랑티에 댁으로 달려가고 있었어…… 하지만 너무 늦었어. 시간도 없었고, 용기도 없었어…… 절망한 나는 집으로 돌아와 네게 편지를 쓰기로 했어…… 다시는 편지를 쓰고 싶지 않다는…… 작별의 편지를…… 왜냐하면 나는 다음 사실을 너무 뚜렷하게 느꼈기 때문이야. 우리의 편지가 커다란 신기루에 지나지 않았다는 것을, 유감스럽게도 우리는 저마다 자기 자신에게 편지를 썼을 뿐이라는 것을, 아! 제롬! 제롬!, 그래서 우리가 줄곧 멀리 떨어져 있었다는 것을!

난 그 편지를 찢어버렸어. 정말이야. 그런데 지금 또다시 내가 편지를 쓰고 있어. 거의 똑같은 편지를. 오!, 제롬, 네가 너를 덜 사랑하는 게 아니야. 반대로 네가 다가오면 동요하고 거북함에도 내가 너를 얼마나 깊이 사랑하는지 전에 없이 강하게 깨달았어. 하지만 또한 절망적이었어. 이 사실을 너에게 고백할 수밖에 없어. 나는 너와 멀리 떨어져 있을 때 너를 더 많이 사랑할 수 있었으니까. 아! 슬프게도 나는 벌써 그런 의혹을 품었어. 그런데 그렇게 고대하던 이번 재회가 그걸 나에게 확인해 주었어. 제롬, 너 역시 이런 사실을 인정해야 해. 잘 있어. 너무나도 사랑하는 내 동생, 하느님이 너를 지켜주시고 인도해 주시기를. 인간은 오직 그분 곁으로만 마음 놓고 다가갈 수 있어.

그리고 이 편지만으로 네게 충분한 고통을 주지 못하기라도 한 듯, 다음 날 그녀는 거기에 이런 추신을 덧붙여 보냈다.

이 편지를 보내면서 나는 너에게 우리 두 사람에 관련된 일에 대해 좀 더 신중한 태도를 부탁하고 싶어. 너와 나 사이에만 간직해야 할 이야기들을 네가 쥘리에트나 아벨에게 해

버려서 네가 얼마나 자주 나에게 마음의 상처를 주었는지 몰라. 그로 인해 네가 깨닫기 훨씬 전부터 너의 사랑은 머리로 하는 사랑이고, 애정과 신의에 대한 근사한 지적 집착이라는 생각을 하게 됐어.

알리사는 내가 그 편지를 아벨에게 보이지 않을까 하는 염려에서 이 마지막 몇 줄을 덧붙인 게 분명했다. 도대체 어떤 의심하는 직관 때문에 그녀가 이토록 경계심을 품게 된 것일까? 그녀는 최근에 내 말 속에서 내 친구의 충고가 반영되었다는 걸 눈치 챘던 것일까……?.

나는 그 이후로 아벨과는 상당한 거리가 있음을 느끼게 되었다! 우리는 서로 다른 길을 걷고 있었다. 그래서 내 슬픔의 고통스러운 짐을 혼자 감당하는 법을 나에게 깨우쳐주기 위한 그런 권고는 아무 쓸모가 없는 것이었다.

그 후로 사흘 동안 나는 오직 탄식에 사로잡혀 있었다. 알리사에게 답장을 쓰고 싶었다. 하지만 나는 지나친 논쟁이나 격렬한 항변을 해서, 혹은 조금이라도 서툰 말을 해서 우리의 상처를 치유할 수 없을 정도로 악화시키지는 않을까 두려웠다. 나는 사랑이 몸부림치는 편지를 수도 없이 고쳐 쓰곤 했다. 눈물로 얼룩진 편지, 결국 부치기로 결심했던 그 편지의 사본을 나는 지금도 눈물 없이는 다시 읽을 수가 없다.

알리사! 나를, 우리 두 사람을 불쌍히 여겨줘……! 네 편지는 내 마음을 너무도 아프게 해. 네가 걱정하는 것을 그저 웃어넘길 수 있다면 얼마나 좋을까! 그래, 네가 편지에 쓴 모든 것을 나도 느꼈어. 하지만 나 자신에게 그것을 말하는 게 두려웠어. 너는 한갓 상상에 불과한 것에 얼마나 끔찍한 현실성을 부여하고, 너는 우리 사이에서 그것을 얼마나 두껍게 만들고 있는지!

만일 네가 전보다 나를 덜 사랑한다고 느끼고 있다면…… 아아! 네 편지 전체가 부인하는 그런 잔인한 가정을 떨쳐 버리게 해줘! 대체 너의 일시적인 두려움이 뭐가 그리 중요해? 알리사! 논리적으로 이야기하고자 하면 내 말은 얼어붙고 말아. 내 가슴속의 신음 소리만 들릴 뿐이야. 기교를 부리기에는 내가 너를 너무 사랑해. 그리고 너를 사랑하면 할수록 무슨 말을 해야 할지 더 모르겠어. "머리로 하는 사랑"……, 내가 그 말에 뭐라고 답을 하길 원해? 내가 내 온 영혼으로 너를 사랑하는데, 내가 어떻게 지성과 감성을 구분할 수가 있어? 하지만 우리의 편지 왕래가 가혹한 비난의 원인이 되고 있으니, 이 편지 왕래로 들떠 있다가 느닷없이 현실 속으로 추락해 이렇게 쓰라린 상처를 입었으니, 네가 나에게 편지를 쓰는 것이 너 자신에게 쓰는 것이라고 생각하고 있으니, 또한 지난번 편지와 비슷한 또 다른 편지를 내가 견뎌 낼 힘이

내게 없으니, 우리 사이의 편지 왕래를 당분간 중단하기로
하자.

이 편지에 이어 나는 알리사의 판단에 맞서 내 의견을 내세
웠으며, 그녀에게 생각을 다시 해 보라고 호소했고, 다시 한 번
만날 기회를 달라고 간청했다. 지난번 만남은 무대 장치, 단역
배우들, 계절과 우리의 만남을 조심스럽게 준비하지 못하게 만
든 열띤 편지 왕래까지를 포함해 모든 것이 뒤틀어진 만남이었
다. 이번에는 오직 침묵만이 우리의 만남보다 앞설 것이다. 나는
이번 만남이 봄에 퐁그즈마르에서 이루어지기를 바랐다. 그곳
에서라면 과거의 추억이 나에게 유리하게 작용할 거라고 생각
했다. 그리고 외삼촌께서도 부활절 방학 동안, 길든 짧든 알리사
가 적당하다고 생각하는 기간 동안 나를 반갑게 맞아주실 것이
다.

나의 결심이 너무나도 확고했기 때문에 나는 편지를 붙이고
나서 곧바로 학업에 열중할 수 있었다.

그해가 다 가기 전에 나는 알리사를 다시 만나게 되었다. 몇
달 전부터 건강이 악화되었던 미스 애슈버턴이 크리스마스 나
흘 전에 세상을 떠나셨던 것이다. 군복무를 마치고 난 이후로
나는 다시 그분과 함께 지내고 있었다. 그분 곁을 거의 떠나지

않았기 때문에 나는 마지막 순간을 지켜볼 수 있었다. 알리사의 엽서는 그녀가 이번 일로 인한 나의 상실감보다 침묵을 지키기로 한 우리의 맹세에 더 마음을 두고 있음을 보여주었다. 외삼촌이 참석하지 못하시기 때문에 그녀가 대신 장례식 때 잠시 다녀가겠다는 내용이었다.

장례식장에서나 이어서 운구를 할 때나 거의 그녀와 나 두 사람뿐이었다. 우리는 나란히 걸으면서 겨우 몇 마디 말을 주고받았을 뿐이었다. 하지만 교회에서 그녀가 내 곁에 앉았을 때, 그녀의 시선이 몇 번이나 내게 다정하게 머무는 것을 느낄 수 있었다.

"동의한 거야." 헤어지는 순간에 그녀가 말했다. "부활절 전에는 아무것도."

"그래, 하지만 부활절에는……"

"널 기다릴게."

우리는 묘지 입구에 있었다. 내가 역까지 바래다주겠다고 하는데도 그녀는 마차를 불러 세우고는 잘 있으라는 말 한마디 없이 나를 남겨 두고 떠나갔다.

7

"알리사가 정원에서 너를 기다린다." 4월 말경에 내가 퐁그즈마르에 도착했을 때, 외삼촌은 아버지처럼 나를 안아주시고 나서 이렇게 말씀하셨다. 처음에는 그녀가 서둘러 나와 나를 마중하지 않은 것에 실망했지만, 곧이어 재회의 첫 순간에 나누는 진부한 인사말을 생략할 수 있게 해준 데 대해 오히려 그녀에게 고마운 마음이 들었다.

그녀는 정원 안쪽에 있었다. 나는 해마다 이 무렵이면 활짝 피는 라일락, 마가목, 양골담초, 병꽃나무 등의 덤불로 빽빽이 둘러싸인 원형 교차로 쪽으로 걸어갔다. 너무 멀리서부터 그녀의 모습을 보지 않으려고, 아니 내가 다가가는 것을 그녀가 보지 못하게 하려고, 나는 나뭇가지 아래에서 그늘지고 공기가 서늘한 반대편 오솔길을 따라갔다. 나는 천천히 나아갔다. 하늘은 내 기쁨처럼 따뜻하고 빛났으며 우아하게 맑았다. 분명 그녀는 내가 다른 길로 올 거라고 생각한 모양이다. 나는 그녀의 등 뒤에 있었으나, 그녀는 내가 다가가는 소리를 듣지 못했다. 나는 멈춰 섰다……. 그러자 시간마저도 나와 함께 멈춰버린 듯했다. 바로 이 순간이야말로 행복 그 자체보다 앞서 오는, 또 행복 그 자체도 미치지 못하는 가장 감미로운 순간일지 모른다는 생각이 들었다.

나는 그녀 앞에 무릎을 꿇고 싶었다. 내가 한 걸음 내딛자 그녀가 그 소리를 들었다. 그녀는 수놓고 있던 것을 땅바닥에 굴러 떨어지게 내버려 둔 채 급히 일어나 나를 향해 팔을 뻗더니 내 어깨에 두 손을 얹었다. 한동안 우리는 그렇게 서 있었다. 그녀는 두 팔을 내밀고 미소 지으면서 고개를 갸웃하고 말없이 나를 다정스럽게 바라보았다. 그녀는 온통 흰 옷 차림이었다. 거의 지나칠 정도로 근엄한 그녀의 얼굴 위에서 나는 어린애 같은 미소를 다시 볼 수 있었다……

"알리사." 내가 갑자기 큰 소리로 말했다. "난 앞으로 12일 동안 휴가야. 하지만 네가 원하지 않으면 단 하루도 더 머물지 않겠어. '너는 내일 풍그즈마르를 떠나야 해.'라는 것을 뜻하는 신호를 하나 정해 두기로 하자. 그러면 그 다음 날 아무런 항변도 불평도 없이 난 떠날게. 동의하니?"

전혀 준비해둔 말이 아니었기 때문에 나는 한결 수월하게 말할 수 있었다. 그녀는 잠깐 생각하더니 이렇게 말했다.

"내가 저녁 식사하러 내려올 때 네가 좋아하는 자수정 십자가를 목에 걸지 않으면…… 알겠지?"

"그게 나의 마지막 저녁이란 말이지."

"하지만 네가 그냥 떠날 수 있을지 몰라……" 그녀가 말을 이었다.

"눈물을 흘리지도, 한숨을 쉬지도 않고 말이야."

"작별 인사도 하지 않을 거야. 마지막 저녁에는 그 전날처럼 똑같이 너와 헤어질게. 처음에는 '얘가 이해하지 못했었나?' 하고 네가 의아해 할 정도로 그렇게 간단하게 말이야. 그 다음날 아침에 네가 나를 찾을 때, 나는 그저 거기에 없을 거야."

"그 다음날 아침에 나는 너를 더 이상 찾지 않을게."

그녀는 내게 손을 내밀었다. 나는 그 손을 입술로 가져가며 다시 말했다.

"지금부터 그 운명의 저녁까지는 나에게 뭔가를 짐작케 하는 암시를 해서는 안 돼."

"너도 그 다음 이별에 대해 아무런 암시도 하지 말아야 해."

이제 이 엄숙한 만남으로 말미암아 자칫 우리 둘 사이에 생겨날 수도 있는 어색한 분위기를 깨야 했다. 그래서 내가 말을 해야 했다.

"네 곁에서 지내는 이 며칠이 다른 날들과 같았으면 정말 좋겠어…… 우리 둘 다 이 며칠이 예외적이라고 느끼지 말아야 한다는 말이야. 그리고…… 우리가 처음에는 너무 무리하게 이야기하려고 애쓰지 말았으면 해……."

그녀가 웃기 시작했다. 나는 이렇게 덧붙였다.

"우리가 함께 할 수 있는 일은 없을까?'

우리는 언제나 정원을 손질하며 즐거워했었다. 최근에 경험 없는 정원사가 오래된 정원사를 대체하였다. 두 달 동안 방치되었던 정원에는 할 일이 많았다. 몇몇 장미 나무들은 제대로 가지치기가 되어 있지 않아서, 성장이 왕성한 나무들과 죽은 나무들이 뒤엉켜 있었다. 넝쿨 장미 중 어떤 것은 잘 받쳐주지 않아 땅에 쳐졌고, 다른 것은 너무 자라 다른 것들을 시들게 하였다. 대부분은 우리가 전에 접을 붙인 것이었다. 우리는 우리가 가꾼 것들을 알아보았다. 우리는 장미 나무들에 필요한 손질을 하느라 한동안 바빴기 때문에, 처음 사흘 동안은 심각한 말없이 많은 얘기를 주고받을 수 있었고, 아무런 말을 하지 않을 때도 침묵이 그다지 무겁게 느껴지지 않았다.

이렇게 해서 우리는 서로 점차 옛 습관을 되찾게 되었다. 나는 어떤 해명보다 이런 습관에 더 많은 기대를 걸고 있었다. 우리 사이에서는 이별의 기억조차 이미 지워지고 있었고, 내가 가끔 그녀에게 느꼈던 두려움도, 그리고 그녀가 내게서 두려워했던 마음의 긴장도 점차 줄어들고 있었다. 지난 가을의 슬픈 방문 때보다 더 앳된 모습의 알리사는 그 어느 때보다도 아름다워 보였다. 나는 아직도 그녀를 포옹해본 적이 없었다. 저녁마다 나는 그녀의 윗옷 위로 금줄에 매달린 조그만 자수정 십자가가 반짝이는 것을 보았다. 내 가슴에서는 자신감 있게 희망이 다시 움트고 있었다. 희망이라니? 무슨 소린가? 그것은 이미 확신이었다. 그리고 나는 알리사에게서도 똑같이 그것을 느낄 수 있는 것처럼 생각했다. 나는 나 자신에 대해 거의 의심하지 않았기 때문에 그녀에 대해서도 더 이상 의심할 수 없었던 것이다. 우리의 대화는 차츰 대담해지고 있었다.

"알리사." 매혹적인 대기가 미소를 머금고, 우리의 마음도 꽃처럼 피어나던 어느 날 아침, 내가 말했다. "이젠 쥘리에트도 행복하고 하니 우리도 이대로 있지 말자. 우리 또한……"

나는 시선을 그녀에게 고정시킨 채 천천히 말을 했다. 그런데 그녀가 너무나도 이상스럽게 갑자기 창백해져 나는 말을 끝맺을 수 없었다.

"제롬!" 그녀는 내 쪽으로 시선을 돌리지도 않고서 말을 시작했다. "나는 네 곁에서 인간으로서 행복할 수 있으리라고 생각한 것 이상으로 행복하다고 느껴…… 하지만 우리가 행복을 위해 태어난 것은 아니라고 생각해."

"영혼이 행복보다 무엇을 더 바랄 수 있을까?" 나는 성급하게 외쳤다. 그녀가 중얼거렸다.

"성스러움……" 너무도 낮았기 때문에 내가 그 말을 들었다기보다 오히려 그렇게 짐작했다.

나의 모든 행복이 날개를 펴고 나에게서 하늘을 향해 달아나버렸다.

"너 없이는 난 거기에 이를 수 없어." 나는 그녀의 무릎에 얼굴을 묻고 슬픔 때문이 아니라 사랑에 복받쳐 어린애처럼 울면서 말했다. "너 없이는 안 돼, 너 없이는 안 돼!" 내가 되풀이했다.

그러고 나서 그날도 다른 날들처럼 흘러갔다. 하지만 저녁에 알리사는 작은 자수정 보석을 목에 걸지 않고 나타났다. 나는 약속을 충실하게 지켜 그 다음날 이른 새벽에 퐁그즈마르를 떠났다.

그 다음다음날, 제사(題詞) 대신에 셰익스피어의 시 몇 구절 [47]이 적혀 있는 이상한 편지를 받았다.

다시 그 선율이었어! 꺼질 듯 스러지는 그 선율.
오! 제비꽃 핀 기슭 위에서,
향기를 훔쳐 싣고 오는
감미로운 남풍인 양 내 귀에 울려오던 그 선율,

----

47 《십이야》에 등장하는 오시노 공작의 대사.

됐어. 이제 그만.

이제는 전처럼 감미롭지 않으니……

그래! 제롬, 나도 모르게 아침 내내 너를 찾았어. 내 동생. 네가 떠났다고 믿을 수가 없었어. 우리의 약속을 지킨 네가 원망스럽더라. 장난일거야, 하고 생각했거든. 네가 나올 것을 기대하고 덤불숲 뒤로 가보았는데 그러나 아니었어! 네가 떠난 것은 사실이야. 고마워.

나는 그날 남은 시간을 네게 전하고만 싶은 생각들, 끊임없이 머릿속을 맴도는 생각들에 사로잡혔어. 만일 내가 지금 네게 전하지 않으면, 너에게 소홀히 했다는 네 비난을 받아 마땅하다는 생각이 후에 들 것만 같은, 기이하면서 매우 뚜렷한 두려움에 사로잡혀 시간을 보냈어……

네가 퐁그즈마르에 머무른 처음 몇 시간 동안 네 곁에 있을 때 느낀 – 곧이어 불안해졌어 – 내 온 존재의 그 야릇한 만족감에 놀랐어. '더 이상 아무것도 바랄 것 없는 그런 충만감!' 너는 나에게 그렇게 말했지. 하지만 바로 그런 만족감이 바로, 아! 슬프게도 나를 불안하게 했던 거야……

내 친구, 제롬, 내 말뜻이 잘못 이해될까봐 두려워. 무엇보다 네가 내 영혼의 단지 가장 격렬한 감정의 표현을 미묘한 논리(아, 얼마나 서툰 논리인가!)로 여길까 두려워.

'충만감을 주지 못한다면, 그건 행복이 아닐 거야.' 네가 나에게 그렇게 말했지? 기억나? 나는 뭐라고 대답해야 할지 몰랐어. 하지만 아니야, 제롬. 그건 우리에게 충분하지 못해. 충분해서도 안 돼. 아주 기분 좋은 충만감, 나는 그것을 진정한 것으로 여길 수 없어. 지난 가을, 우리는 그 충만감 뒤에 어떤 슬픔이 깃들어 있는지를 깨닫지 않았니……?.

진정한 것! 아! 그것이 진정할 수 있도록 하느님께서 우리를 지켜주시길! 우리는 그것과는 다른 행복을 위해 태어난 거야…….

이전에 우리의 편지 왕래가 지난 가을의 만남을 망쳐놓았던 것처럼, 이제 너에 대한 어제의 기억이 오늘 편지 쓰는 기쁨을 앗아가 버려. 네게 편지를 쓰면서 느끼곤 했던 그 황홀함이 어떻게 돼버린 걸까? 편지로 인해, 함께 있음으로 인해, 사랑이 바랄 수 있는 가장 순순한 기쁨이 고갈되어 버린 거야. 그래서 이제 나도 모르게 《십이야》의 오시노처럼 이렇게 큰소리로 외치고 있어. '됐어. 그만 해! 이제는 전처럼 감미롭지 않아.'

잘 있어, 제롬. 히크 인키피트 아모르 데이.[48] 아! 내가 너를 얼마나 사랑하는지 네가 알기나 할까……? 언제까지 나

---

48 Hic incipit amor Dei. 주를 사랑함은 여기서 시작되노라.

는 너의 알리사일 거야.

알리사

나는 덕성이라는 함정에 대항해 무방비 상태로 있었다. 온 갖 영웅주의가 나를 현혹하고 나를 끌어당기고 있었다. 나는 영웅주의와 사랑을 구분하지 않았던 것이었다. 알리사의 편지는 더없이 무모한 열광으로 나를 도취시켰다. 내가 더 많은 덕행을 쌓으려 노력한 것도 오직 그녀만을 위해서였다는 것을 하느님은 아신다. 어떤 길이건 위로 오르는 길이라면 그녀가 있는 길로 나를 인도해 줄 것 같았다. 아! 대지가 아무리 갑작스레 좁아진다 해도 우리 둘은 지탱할 수 있을 것이다! 슬프다! 나는 그녀의 교묘한 속임수를 짐작하지 못했으며, 마지막 꼭대기에 이르러 그녀가 다시 내게서 달아날 수 있으리라고는 상상조차 하지 못했다.

나는 그녀에게 답장을 길게 썼다. 내 편지 중 얼마간 통찰력이 있다고 생각되는 한 구절만이 기억난다.

"나는 자주 혼자 사랑은 내가 내 안에 간직하고 있는 것 중 가장 훌륭한 것이라고 생각해. 나의 모든 미덕은 사랑에 달려 있고, 사랑은 나를 나 자신 이상으로 드높여 준다고 생각해. 사랑이 없다면 나는 아주 평범한 보잘것없는 인간의 수준으로 다시 떨어져버릴 거라고 생각해. 아무리 험하고 좁은 길이라도 너를 다시 만날 수 있다는 희망 때문에 내게는 가장 좋은 길로 보여."

내가 이 편지에 무슨 말을 덧붙였기에 그녀는 나에게 이런 답장을 보내온 것일까?

그렇지만 나의 친구, 제롬, 성스러움은 선택이 아니야. 그건 '의무'야(그녀의 편지에는 이 단어에 밑줄이 세 번이나 그어져 있었다). 만일 네가 지금껏 내가 믿었던 그런 사람이라면, 너 역시 그 의무에서 벗어날 수 없을 거야.

그것이 전부였다. 우리의 편지 왕래는 이것으로 끝날 것이고, 아무리 교묘한 충고도, 아무리 집요한 의지도 달리 어찌할 도리가 없음을 나는 깨달았다. 아니 오히려 예감했다.

그래도 나는 애정이 넘치는 편지를 길게 거듭 썼다. 세 번째 편지 후에 나는 이런 쪽지를 받았다.

나의 벗에게,

내가 더 이상 너에게 편지를 쓰지 않겠다고 어떤 종류의 결심이라도 했다고 생각하지 말아줘. 더 이상 편지 쓰는 데 단지 흥미가 없을 뿐이야. 그래도 네 편지는 여전히 나를 즐

겹게 해. 하지만 내가 이 정도까지 네 마음을 사로잡고 있다
는 데 점점 양심의 가책을 느껴.

여름이 멀지 않았어. 편지 왕래는 당분간 그만하기로 하
고, 9월 마지막 두 주일을 풍그즈마르에 와서 나와 함께 보냈
으면 해. 그렇게 할 거니? 그렇게 한다면 답장은 필요 없어.
답이 없으면 네가 동의하는 걸로 여길게. 그러니 나에게 답
장하지 않길 바라.

나는 답장을 하지 않았다. 이 침묵은 어쩌면 그녀가 내게 부
과하는 마지막 시련일지도 몰랐다. 몇 달간 공부를 하고, 이어
몇 주 동안 여행하고 풍그즈마르에 다시 갔을 때, 나는 극히 차
분하고 확신에 차 있었다.

처음에는 나 자신도 납득시킬 수 없었던 일을 내가 어떻게
간단한 이야기로 여러분을 곧바로 이해시킬 수 있겠는가? 그 이
후 내가 완전히 무릎을 꿇고 만 그 비통한 상황을 제외하고 여
기서 내가 무엇을 묘사할 수 있겠는가? 왜냐하면 너무나 부자연
스럽게 꾸민 겉모습 아래, 여전히 사랑의 맥박이 뛰고 있는 데
느끼지 못한 나 자신을 지금은 용서할 수 없지만, 그때만 해도
나는 그녀의 겉모습밖에 볼 수 없었고, 과거의 그녀 모습을 다
시 볼 수 없다고 내 연인을 비난했으니 말이다…… 아니오, 알

리사! 나는 그때도 당신[49]을 비난했던 게 아니오. 당신의 과거 모습을 더 이상 알아볼 수 없어 절망의 눈물을 흘렸던 거요. 당신의 사랑이 낳은 침묵의 술책과 잔인한 기교에서 당신 사랑의 힘을 측정할 수 있게 된 지금, 당신이 나를 고통스러운 슬픔에 잠기게 했으니, 그만큼 더 당신을 사랑해야만 하는 건 아닌지?

경멸? 냉담? 아니다, 이겨내야 할 것은 아무것도 없었고, 내가 맞서 싸울 수 있는 아무런 대상도 없었다. 그래서 나는 가끔 주저했고, 내 스스로 불행을 만들어낸 것은 아닌지 의심해보기도 했다. 내 불행의 원인은 그토록 미묘했고, 알리사는 내 불행을 모르는 척 교묘하게 시치미를 떼고 있었다. 대체 내가 무엇을 한탄할 수 있었겠는가? 그녀가 나를 대하는 태도는 그 어느 때보다 상냥했다. 그녀가 그때보다 더 친절하고 상냥했던 적은 결코 없었다. 첫째 날 나는 거의 속을 정도였다…… 무슨 상관이랴, 어쨌든, 착 달라붙게 새로운 머리 모양으로 묶어서, 얼굴 윤곽을 딱딱하게 만들고 표정마저 달라 보였다. 우중충한 색깔과 거친 촉감의 천으로 지어, 어울리지도 않는 윗옷이 그녀의 몸매의 섬세한 곡선을 조금 뒤틀리게 한들 그게 무슨 상관이랴…… 이런 것쯤이야 그녀 자신 또는 나의 요청에 의해 내일이

---

49 여기서 지드는 처음으로 알리사를 지칭하면서 'tu'가 아닌 'vous'를 사용한다. 해서 말투도 바꿔 번역했다.

라도 그녀가 고칠 수 있는 사소한 것이라고 나는 맹목적으로 생각했다……. 그보다는 우리 사이의 너무나 낯선 상냥함과 친절함에 내 마음은 더 아팠다. 나는 거기에서 충동보다는 각오를, 그리고 감히 말하기 어렵지만, 사랑보다는 예의를 보게 될까봐 두려웠던 것이다.

저녁 때 응접실에 들어섰을 때 늘 놓여있던 자리에 피아노가 없는 것을 보고 깜짝 놀랐다. 내가 실망스러운 탄성을 지르자, "피아노는 지금 수리 중이야, 제롬." 알리사가 아주 태연한 목소리로 말했다.

"애야, 내가 몇 번이고 말했지?" 외삼촌이 거의 엄격하다고 할 만큼 나무라는 어투로 말씀하셨다. "지금까지 그런대로 쓸 만했으니 제롬이 떠날 때까지 기다렸다가 피아노를 고치러 보낼 수도 있었잖니. 네가 서두르는 바람에 우리가 큰 즐거움 하나를 잃었구나……."

"하지만 아버지" 빨개진 얼굴을 돌리며 그녀가 말했다. "요즘 소리가 안 좋아 제롬도 잘 칠 수 없었을 거예요."

"네가 칠 때는 그렇게 나쁜 것 같지 않던데." 외삼촌이 계속 말씀하셨다.

그녀는 잠시 동안 그늘진 쪽으로 몸을 숙이고서 안락의자 덮개의 치수를 재는 데 집중하고 있다가, 갑자기 방에서 나가더니 한참 있다가 외삼촌이 저녁마다 드시는 탕약을 쟁반에 받쳐 들고 나타났다.

그 다음날에도 그녀는 머리 모양새나 윗옷을 바꾸지 않았다. 그녀는 집 앞 벤치에 아버지 곁에 앉아 전날 저녁에도 몰두했던 바느질이라기보다는 자투리 수선이라고 할 수 있는 일을 다시 시작했다. 곁에 있는 벤치나 탁자 위에 해진 긴 양말이나 짧은 양말이 가득 든 커다란 바구니를 놓아두고 그녀는 거기서 계속 일감을 꺼내 들었다. 며칠 후에는 일감이 냅킨이나 시트 등으로 바뀌었다…… 그녀는 그 일에 완전히 몰두하여, 그녀의 입술은 전혀 표정이 없었으며, 눈에서 광채를 찾을 수 없을 정도였다.

"알리사!" 첫날 저녁, 옛날의 아름다움이 거의 사라져버려 이제 알아보기도 힘든 그녀의 얼굴을 보고 질겁해서 내가 소리쳤다. 조금 전부터 나는 그녀를 뚫어지게 보고 있었지만, 그녀는 내 시선을 느끼지 못하는 것처럼 보였다.

"왜 그러는데?" 그녀가 고개를 들며 말했다.

"내 말이 들리나 보려고. 네 생각들이 내게서 너무 멀리 떨어져 있는 것 같아."

"아냐, 생각들은 여기 있어. 하지만 천을 이어 붙이려면 여간 주의하지 않으면 안 돼."

"네가 바느질하는 동안 내가 책이라도 읽어줄까?"

"제대로 들을 수 없을 것 같은데."

"왜 그렇게 정신을 집중해야 하는 일만 선택하는 거야?"

"누군가가 그런 일을 해야 해."

"그런 일로 생계를 꾸려나가는 가난한 여자들은 너무나 많아. 돈을 절약하기 위해 그런 보람 없는 일에 억지로 매달리는 건 아니잖아?"

그러자 그녀는 그보다 더 재미있는 일은 없으며, 오래 전부터 다른 일은 하지 않아 그런 일을 위한 재주를 잃어버린 것 같다고 잘라 말했다…… 그녀는 말하면서 미소를 띠고 있었다. 그녀의 목소리가 어느 때보다 부드러웠지만, 그럴수록 내 마음은 더 서글펐다. 그녀의 얼굴은 이렇게 말하고 있는 것처럼 보였다. '나는 당연한 소리를 한 것뿐인데 너는 왜 그걸 슬퍼하니?' 내 마음속에서 올라오는 온갖 항변들을 입 밖에 내지 못한 채, 나는 답답하기만 했다.

그 다음다음 날, 우리는 장미꽃을 꺾었다. 그녀는 나에게 그해에 내가 한 번도 들어가 보지 못한 자기 방으로 그것을 가져다 달라고 부탁했다. 나는 그 순간 얼마나 큰 희망에 들떴던가! 왜냐하면 나는 그때까지 내 슬픔을 내 탓으로 돌리고 있었고, 그녀의 말 한마디면 내 마음의 병이 치유될 것 같았기 때문이었다.

나는 알리사의 방에 들어서면서 내 가슴이 설레지 않은 적이 한 번도 없었다. 그 방에는 뭔지 모를 평화가 아름다운 선율처럼 깃들어 있어 알리사의 품성을 엿볼 수 있었다. 창문과 침대 주위에 드리워진 커튼의 푸른 그늘, 반들반들한 마호가니 가구들, 질서, 단정함과 고요함, 그 모든 것이 알리사의 순수함과 사려 깊은 우아함을 내 마음에 전해주는 것 같았다.

그날 아침, 나는 그녀의 침대 옆 벽에서 내가 이탈리아에서 가져다준 마사치오[50]의 커다란 사진 두 장을 볼 수 없어서 놀랐다. 어떻게 된 일이냐고 그녀에게 물어보려고 하는데, 내 시선은 바로 옆, 그녀의 애독서들을 꽂아 둔 책꽂이에 가 닿았다. 그 작은 책꽂이의 반은 내가 그녀에게 주었던 책들로, 또 절반은 우리가 함께 읽은 책들로 서서히 채워져 왔었다. 그 책들이 모두 치워지고, 그녀가 경멸감밖에 갖지 않았으면 좋았을, 그런 통속적인 신앙심에 관한 보잘것없는 소책자들이 들어차 있는 것이 눈에 띄었다. 갑자기 눈을 들어보니 웃고 있는 알리사가 보였다. 그렇다. 나를 지켜보면서 웃고 있는 모습이었다.

"미안해." 그녀가 곧 말했다. "네 얼굴 때문에 웃고 있었어. 내 책꽂이를 보다가 네 얼굴이 갑자기 일그러졌거든……"

---

50 초기 르네상스 시대의 이탈리아의 화가로 원근법을 이용해 최초로 그림을 그렸음.

나는 농담할 기분이 아니었다.

"아니, 알리사. 이게 요즈음 네가 읽는 책들이야?"

"그래. 뭘 그렇게 놀라니?"

"자양분이 풍부한 양식에 익숙한 지성은 이런 무미건조한 것들은 구토가 나서 맛볼 수 없을 거라고 생각했거든."

"나는 네 말을 이해할 수 없어." 그녀가 말했다. "이 겸허한 영혼들은 최선을 다해 자신들의 생각을 표현하고, 나와 함께 꾸밈없이 얘기를 나눠. 나는 그들과 함께 어울리는 것이 즐거워. 그들은 어떤 미사여구의 함정에도 빠지지 않을 거고, 그들의 책을 읽으면서 나도 그 어떤 세속적인 찬미에 빠지지 않을 거라는 사실을 미리부터 알아."

"그럼 너는 이제 이런 것들만 읽니?"

"거의 그래. 맞아, 몇 달 전부터 그래. 게다가 나는 책 읽을 시간도 많지 않아. 솔직히 아주 최근에 네가 가르쳐줘서 감탄한 적이 있는 위대한 작가들 중 어떤 작가의 책을 다시 읽으려고 해보았어. 그런데 나는 《성경》에 나오는 자신의 키를 한 자 더 늘여 보려고 애쓰는 사람[51]처럼 느껴져."

"너에게 그렇게 괴상한 생각이 들게 한 그 '위대한 작가'가

---

51 〈마태복음〉 6장 27절("너희 중에 누가 염려함으로 그 키를 한 자라도 더할 수 있겠느냐.") 참조.

누구인데?"

"그 작가가 내게 그런 생각을 들게 한 건 아니야. 그의 글을 읽다가 내가 그런 생각을 하게 된 거야…… 파스칼이야. 어쩌면 내가 별로 좋지 못한 구절을 우연히 읽었는지도 몰라……."

나는 안타깝다는 몸짓을 했다. 그녀는 아직까지도 다 정리하지 못한 꽃다발에서 눈도 들지 않은 채, 숙제라도 암송하듯 맑고 단조로운 목소리로 말했다. 그녀는 한순간 내 몸짓을 보고 잠시 말을 끊더니, 같은 어조로 계속 말했다.

"그토록 과장된 문체와 그토록 많은 노력이 놀라워. 그런데도 증명된 것은 거의 없어. 때때로 나는 파스칼의 비장한 어조가 믿음보다는 오히려 의혹의 결과가 아닌가 생각해. 완전한 믿음에는 그토록 많은 눈물이나 목소리의 떨림이 없거든."

"그의 목소리를 아름답게 하는 건 바로 그 떨림과 눈물이야." 하고 나는 즉시 대꾸하려 했지만 용기가 나지 않았다. 알리사의 말에서 내가 소중하게 여기던 그녀의 모습을 전혀 찾아볼 수 없기 때문이었다. 지금 나는 기교나 논리를 덧붙이지 않고, 그녀의 말을 기억나는 대로 옮기고 있다.

"만일 그가 현세의 삶에서 그의 쾌락을 먼저 비우지 않았다면, 저울대 위에서 그의 삶의 무게가 더 나갔을 수도 있어……." 그녀가 말을 이었다.

"무엇보다 말인데?" 그녀의 이상한 말에 어안이 벙벙해진 내가 물었다.

"그가 제시한 불확실한 지복[52](至福)보다."

"그럼 넌 그 지복을 믿지 않니?" 내가 큰소리로 말했다.

"아무래도 상관없어!" 그녀가 말을 이었다. "흥정을 한다는 일체의 의혹을 떨쳐 버리기 위해서, 나는 지복이 불확실하게 남아있기를 원해. 하느님을 사모하는 영혼이 덕행에 몰두하는 이유는 보상에 대한 희망이 아니라 타고난 고귀함 때문이야."

"파스칼과 같은 사람의 고귀함이 안식처로 삼은 비밀스러운 회의주의가 바로 거기서 나온 거야."

"회의주의가 아니라 장세니즘[53]이야." 그녀가 웃으며 말했다. "그게 나와 무슨 상관이야?" 그녀가 책들을 향해 몸을 돌렸다. "여기 있는 이 가련한 영혼들은 자신들이 장세니스트인지 정적주의자(靜寂主義者)[54]인지, 아니면 또 다른 교파에 속하는지

---

5 2　하느님과 함께 하는 영원한 행복을 의미함.

5 3　얀센주의라고도 한다. 네덜란드 출신 신학자 얀세니우스에게서 유래한 가톨릭 분파 중 하나로, 하느님의 은총을 통해 선택된 소수의 사람들만 구원을 받는다는 엄격한 교리를 제시함. 17세기에 프랑스에서 예수회와 대립할 당시에 파스칼은 장세니즘을 옹호했음.

5 4　17세기 유럽에서 스페인의 사제 몰리노스에게서 비롯된 가톨릭 교리로, 하느님의 의지가 인간의 마음 안에서 방해 없이 작용하려면 인간은 자신의 의지를 억눌러 정적 상태에 있어야 한다고 주장. 당시 로마 교황청에 의해 이단으로 배척당함.

말하기가 대단히 힘들 거야. 이 영혼들은 악의도, 혼란도, 아름다움도 없이 바람에 나부끼는 풀들처럼 하느님 앞에 고개 숙이고 있어. 자신들을 보잘것없는 존재로 여기고, 오직 하느님 앞에서 자신들의 모습을 지워버림으로써만 어떤 가치를 얻게 된다는 것을 알고 있어."

"알리사!" 내가 소리쳤다. "너는 왜 네 날개를 떼어버리려 하니?"

그녀의 음성이 너무나도 차분하고 자연스러워서 나의 외침은 내 귀에도 우스꽝스러울 만치 과장되게 느껴졌다.

그녀는 고개를 저으며 다시 미소를 지어 보였다.

"이번에 파스칼을 읽고서 내가 얻은 것은……"

"그래, 그게 뭐야?' 그녀가 말을 하다 멈추기에 내가 물었다.

"그리스도의 이 말씀뿐이야. '누구든지 제 목숨을 구하려 하면 잃을 것이니라.'[55] 그리고 나머지는 사실 거의 이해하지 못했어." 그녀는 더욱 환한 미소를 지으면서 나를 정면으로 바라보며 말을 이었다. "이처럼 낮은 사람들과 어울려서 한동안 지내다가 위대한 사람들의 숭고함을 대하면, 이상하게도 금방 숨이 막혀 버려."

당황해 버린 내가 대꾸할 말을 전혀 찾지 못했던 걸까……?

---

55 〈누가복음〉 17장 33절.

"만일 오늘 내가 너와 함께 이 모든 설교집과 수상록을 읽어야만 한다면……"

그러나 그녀가 내 말을 가로 막았다. "하지만 만일 네가 이런 걸 읽는 것을 보면 내 마음이 아플 거야! 너는 이런 것들보다는 훨씬 더 훌륭한 걸 위해 태어났다고 난 믿어."

이처럼 우리 두 사람의 삶을 갈라놓는 말들이 얼마나 내 가슴을 찢어지게 하는지는 생각지도 않는 듯, 그녀는 아주 간단하게 말했다. 나는 머리에 불이 난 것만 같았다. 나는 좀 더 얘기하고 싶었고 울고 싶기도 했다. 어쩌면 그녀가 내 눈물을 보았다면 설복 당했을지도 모른다. 하지만 나는 벽난로에 팔꿈치를 괴고, 두 손으로 얼굴을 감싼 채 더 이상 아무 말도 하지 않고 있었다. 그녀는 나의 괴로움을 전혀 보지 못하는지, 아니면 못 본 척하는 건지 조용히 꽃꽂이하는 일을 계속했다.

그때 식사를 알리는 첫 번째 종소리가 울렸다.

"점심 식사 준비도 못하겠네." 그녀가 말했다. "빨리 먼저 가." 그녀는 마치 이건 단지 장난이었다는 듯이 이렇게 덧붙였다.

"이 이야기는 나중에 다시 해."

그 이야기는 다시 계속되지 않았다. 알리사는 끊임없이 나에게서 빠져나갔다. 그녀가 일부러 피하는 것 같지는 않았으나,

우연한 일들이 곧 더 급박하고 중요한 의무가 되어 부과되었다. 나는 차례를 기다렸다. 하지만 내 차례는 끊임없이 생기는 집 안일들, 꼭 해야만 하는 창고 일 감독, 소작인들의 집 방문, 그녀가 점점 더 관심을 기울이던 가난한 사람들의 집을 방문하는 일 다음에야 내 차례가 왔을 뿐이었다. 나에게는 얼마 안 되는, 쓰고 남은 시간만이 주어졌다. 나는 항상 분주한 그녀를 바라볼 수밖에 없었다. 하지만 그녀가 내가 얼마나 소홀한 대접을 받고 있는가를 별로 느끼지 못했던 것은 아마 그 자질구레한 일거리들 때문이었고, 또 내가 그런 그녀를 쫓아다니는 것을 포기했기 때문이기도 했다. 조금이라도 그녀와 대화를 해보면 이런 사실을 더욱 잘 알 수 있었다. 그녀가 나에게 잠시 시간을 할애해주었을 때도 실상 대화는 어색하기 짝이 없었고, 그런 대화에 그녀는 마치 아이와 장난하듯 응했다. 그녀는 멍한 태도로 미소를 지으며 내 곁을 빨리 지나쳤고, 그러면 내가 전혀 안 적이 없었던 사람보다 더 그녀는 내게서 멀어져간다고 느꼈다. 가끔 나는 그녀의 미소에서 도전, 아니면 적어도 빈정거리는 듯한 태도가 보이는 것처럼 생각되었고, 그녀가 내 욕망을 따돌리는 데 재미를 붙인 것처럼 생각되었다…… 그러면 나는 곧바로 모든 불평을 나 자신에게 돌렸다. 나 자신이 그녀에 대한 비난에 빠져들고 싶지 않아서였고, 또 내가 그녀에게 기대하는 것이 무엇인지, 내가 그녀에게서 무엇을 비난할 수 있는지를 더 이상 알 수 없었기 때문이었다.

　내가 그토록 행복을 기대했던 날들은 그렇게 흘러가버렸다.
나는 달아나는 날들을 멍하게 바라보았지만, 그렇다고 날들을
연장하거나 그 흐름을 늦추고 싶지는 않았다. 그토록 나의 고통
은 하루하루 심화되기만 했다. 그래도 떠나기 이틀 전, 알리사가
이회토 채취장에 있는 벤치까지 나와 함께 걸어갔을 때 ― 그날
은 맑은 가을 저녁이었다, 안개가 없는 지평선 끝까지 한 부분
한 부분 세세하고 파랗게 물들어 보이고, 과거 속의 아주 흐릿
한 기억까지도 또렷해지는 저녁이었다 ― 나는 원망하는 마음
을 더 이상 참지 못하고 어떤 행복을 잃었기에 내가 지금 이토
록 불행한 것인지를 이야기했다.

　"하지만 내가 뭘 할 수 있겠어, 제롬?" 그녀가 곧바로 말했
다. "넌 지금 환상과 사랑에 빠져 있는 거야."

　"아냐, 결코 환상이 아니야, 알리사."

　"상상 속의 사람이지."

　"아아! 내가 그런 사람을 만들어낸 게 아니야. 그 사람은 내
연인이었어. 난 그녀를 다시 부르고 있어. 알리사! 알리사! 당신
은 내가 사랑했던 여자였어요. 그런데 당신은 당신 자신을 어떻
게 한 거요? 당신은 어떤 사람이 되어버린 것이오?"

　그녀는 잠시 동안 아무런 대구도 없이 고개를 숙인 채 꽃잎

을 천천히 뜨고 있었다. 마침내 이렇게 말했다.

"제롬, 왜 전만큼 나를 사랑하지 않는다고 솔직하게 털어놓지 않지?"

"그건 사실이 아니니까! 사실이 아니니까!" 나는 화가 나서 소리쳤다. "이보다 더 너를 사랑한 적은 없으니까."

"지금 나를 사랑하고…… 또 그러면서도 과거의 나를 그리워하고!" 그녀는 미소를 지으려 애쓰면서 말하고는 어깨를 약간 으쓱해보였다.

"나는 내 사랑을 과거에 묶어둘 수 없어."

내 발밑에서 땅이 꺼져 내리는 듯했다. 나는 아무것에나 매달렸다…….

"사랑도 다른 것들과 함께 반드시 사라질 거야."

"내 사랑은 죽는 날까지 나와 함께 할 거야."

"그 사랑도 서서히 약해져 갈걸. 네가 여전히 사랑한다고 주장하는 그 알리사는 이제 너의 추억 속에서만 존재할 뿐이야. 언젠가 그 여자를 사랑했었다는 기억만이 남는 날이 올 거야."

"너는 마치 내 마음속에서 무엇인가가 그녀를 대신할 수 있다거나, 또는 내 마음이 결국 사랑을 품어서는 안 되는 것처럼 말하는구나. 너는 네 자신이 나를 사랑했었다는 사실이 이제 기억에도 없니? 그렇지 않고서야 어떻게 이렇게 나를 괴롭히면서 넌 즐거워할 수 있니?"

나는 그녀의 창백한 입술이 파르르 떨리는 것을 보았다. 거의 알아들을 수 없는 목소리로 그녀가 중얼거렸다.

"아니야, 아니야. 알리사의 마음은 변하지 않았어."

"그럼 아무것도 변한 게 없잖아." 내가 그녀의 팔을 꼭 잡으며 말했다…….

그녀가 조금 더 단호히 말했다.

"한마디면 모든 게 설명될 텐데, 왜 그 말을 못하니?"

"무슨 말?'

"난 나이가 많아."

"그만 해……"

나는 즉시 반박했다. 나 또한 그녀와 마찬가지로 나이를 먹었으며, 우리 두 사람의 나이 차이는 달라지지 않았다고…… 하지만 그녀는 다시 침착해졌다. 유일한 기회는 지나가 버렸고, 논쟁에 이끌려 들어가는 바람에 나는 모든 유리한 입장을 포기했다. 나는 어찌할 바를 모르고 허우적거렸다.

나는 이틀 후에 퐁그즈마르를 떠났다. 그녀와 나 자신에 대한 불만을 품고, 내가 여전히 '미덕'이라고 부르는 것에 대한 막연한 증오와 내 마음을 여전히 차지한 집념에 대한 원망을 가득 품고 떠났다. 그 마지막 만남에서, 내 사랑이 지나치게 고조되어서 나는 내 모든 열정을 소진해 버린 느낌이었다. 처음에 내가 반대했던 알리사의 말 한마디, 한마디는 나의 항변이 끝난 후에도 여전히 생생하고 당당하게 내 마음속에 남아 있었다. 그래, 어쩌면 그녀가 옳은지 몰라! 나는 환상만을 소중히 여겼던 거야. 내가 사랑했던, 그리고 내가 여전히 사랑하는 알리사는 더 이상 존재하지 않아…… 그래, 확실히 우리는 나이를 먹었어! 내 가슴을 온통 얼어붙게 했던 그 끔찍한 시적 취향의 상실도 결국 원래 상태로 돌아간 것에 지나지 않았어. 서서히 내가 그녀를 고양시켰고, 내가 좋아 했던 모든 것들로 그녀를 장식해 우상으로 만들었지만, 그런 노력에서 피로 이외에 뭐가 남았나……? 혼자 있도록 내버려두자마자 그녀는 곧장 자신의 수준, 평범한 수준으로 되돌아가 버렸다. 물론 나 자신도 그 수준에 있지만, 나는 그 수준에서 더 이상 그녀를 원치 않았던 것이다. 아! 오직 나 혼자만의 노력으로 그녀를 올려놓았던 그 높은 곳에서, 그녀를 만나 함께하려는, 그 미덕에 대한 힘겨운 노력은 얼마나 부조리하고 꿈같은 일로 보였던가! 자부심이 조금이라도 덜 했더라면 우리의 사랑은 수월했을 것이다…… 하지만 대상 없는 사랑에의 집착이 무슨 의미가 있었겠는가? 그건 고집이었지, 더 이상 충실한 것이 아니었다. 무엇에 충실한 것이었는가……? 과오에 충실한 것이었다. 가장 현명한 것은, 내가 잘못 생각했다는 것을 인정하는 것이 아니었을까……?.

그러던 중에 아테네 프랑스 학교[56]에 추천을 받자, 나는 야심도 기쁨도 없이, 떠난다는 생각이 도피인 것처럼 마음이 동하여 당장 추천을 받아들이는 것에 동의했다.

---

56   고대 그리스 문화 연구를 위해 프랑스 정부가 아테네에 세운 학교.

8

그렇지만 나는 다시 한 번 알리사를 만났다…… 삼년 후 여름이 끝나 갈 무렵이었다. 열 달 전에 나는 그녀를 통해 외삼촌의 부음을 들었다. 나는 그 당시 여행 중이던 팔레스타인에서 곧장 그녀에게 꽤 긴 편지를 써 보냈지만, 아무런 답장도 없었다…….

어떤 구실이었는지는 잊어버렸지만, 르아브르에 있던 나는 자연스럽게 퐁그즈마르로 가게 되었다. 나는 거기서 알리사를 만나게 되리라는 것을 알고 있었지만, 그녀가 혼자가 아닐 것 같아 걱정이었다. 나는 내가 간다는 사실도 알리지 않았다. 보통 때 방문하는 것처럼 찾아가야 하는 것이 언짢아서 나는 가면서도 마음을 정할 수가 없었다. 안으로 들어갈까? 아니면 그녀를 만나지 말고, 아니 만나려고 애쓰지 말고 그냥 돌아서 버릴까……? 그래, 그렇게 하자. 그냥 가로수 길에서 산책이나 하다가 그 벤치에 가서 앉아보기나 하자. 어쩌면 아직도 그녀가 그곳에 와서 앉아 있곤 하는지도 모르지…… 그리고 내가 떠나간 다음, 내가 다녀간 것을 그녀에게 알리려면 무슨 표시를 할 것인가를 나는 벌써 궁리하고 있었다…… 그런 생각들을 하면서 나는 천천히 걷고 있었다. 그녀를 만나지 않기로 결심하고 나자 내 가슴을 죄어 오던 슬픔이 달콤할 정도의 우수로 바뀌었다. 나는 벌써 가로수 길에 이르렀다. 눈에 띌까봐 걱정이 되어 나는 농가 안마당의 경계를 이루는 비탈을 따라 길 가장자리로 걸어갔다. 나는 정원을 굽어볼 수 있는 비탈의 한 지점을 알고 있었다. 나는 거기로 올라갔다. 내가 모르는 정원사가 갈퀴로 오솔길을 다듬더니 곧 시야에서 멀어져 갔다. 마당에는 새 울타리가 쳐져 있었다. 내가 지나가는 소리를 듣고 개가 짖어댔다. 좀 더 먼 곳, 가로수 길이 끝나는 곳에서 정원의 담이 나타나자 나는 오른쪽으로 돌았다. 방금 지나온 길과 평행을 이루는 너도밤나무 숲 쪽으로 걸어가려고 채소밭의 작은 문 앞을 지나는 순간, 그 문을 통해 정원 안으로 들어가 볼까 하는 생각이 불현듯 나를 사로잡았다.

문은 잠겨 있었다. 하지만 안쪽의 빗장이 별로 튼튼하지 않아 내가 어깨로 한 번 밀면 부러질 것 같았다…… 바로 그때, 나는 발자국 소리를 들었다. 나는 담의 움푹 파인 곳에 몸을 숨겼다.

정원에서 나온 사람이 누구인지 볼 수 없었다. 하지만 발소리를 들어보니 알리사라는 느낌이 들었다. 그녀는 앞으로 세 걸음 내딛더니 가냘픈 목소리로 불렀다.

"제롬, 너니?"

격렬하게 고동치던 심장이 멎고 목이 꽉 메어 한마디 말도 나오지 않았다. 그녀가 더 큰 소리로 반복했다.

"제롬! 너지?"

이렇게 나를 부르는 그녀의 목소리를 듣자 벅찬 감동에 못 이겨 나는 무릎을 꿇고 말았다. 내가 여전히 대답을 하지 않자, 알리사는 몇 걸음 앞으로 나와 담을 돌았다. 그러자 갑자기 그녀가 나에게 와 닿는 것이 느껴졌다. 그때 나는 곧바로 그녀를 보기가 두려운 듯 팔로 얼굴을 감싸고 있었다. 그녀가 내 쪽으로 몸을 기울이고 있는 사이에 나는 가냘픈 그녀의 손에 키스를 퍼부었다.

"왜 숨어 있었어?" 삼 년의 이별이 불과 며칠에 지나지 않다는 듯이 그녀는 아무렇지도 않게 말했다.

"어떻게 나라는 걸 알았어?"

"너를 기다리고 있었거든."

"나를 기다리고 있었다고?" 내가 너무도 놀라 그녀의 말을 되풀이해 물을 수밖에 없었다…… 내가 여전히 무릎을 꿇고 있자 그녀가 말을 이었다.

"벤치로 가자. 그래, 나는 너를 한 번 더 보게 되리라는 걸 알고 있었어. 나는 사흘 전부터 저녁마다 여기로 와서 오늘 저녁처럼 너를 불렀어…… 왜 대답하지 않았어?"

"만일 네가 갑자기 나타나지 않았다면 난 너를 보지 않고 갔을 거야." 나는 처음에는 까무러칠 정도로 아찔했던 감동을 겨우 억누르며 말했다. "마침 르아브르를 지나던 길에 가로수 길을 산책하고, 정원 주위를 둘러보고, 요즘도 네가 와서 앉아 있을 듯싶은 이회토 채취장의 벤치에서 잠시 쉬려던 참이었어. 그러고는……"

"사흘 전부터 저녁마다 내가 여기서 무엇을 읽었는지 봐." 그녀는 내 말을 가로막고 말하더니 한 묶음의 편지를 나에게 내밀었다. 내가 이탈리아에서 그녀에게 보냈던 편지들임을 알 수 있었다. 바로 그 순간 나는 그녀를 향해 눈을 들었다. 그녀는 믿을 수 없을 정도로 변해 있었다. 여위고 창백한 그녀의 모습이 내 가슴을 아프게 옥죄었다. 내 팔에 의지해 기대고 있는 그녀는 추위나 무서움이라도 타는 것처럼 내게로 몸을 바싹 붙였다. 그녀는 아직도 정식 상복을 입고 있었다. 의심할 바 없이 모자 대신 쓰고 있는 검정 레이스가 그녀의 얼굴을 둘러싸고 있어서 그녀의 창백함이 두드러져 보였다. 그녀는 미소를 짓고 있지만 기절할 것처럼 보였다. 나는 요즈음 퐁그즈마르에 그녀가 혼자 있는지 아닌지 몹시 알고 싶었다. 아니었다. 로베르가 그녀와 함께 지내고 있었다. 쥘리에트와 테시에르, 그들의 세 자녀도 두 사람 곁에서 8월을 보내고 갔다고 했다…… 우리는 벤치에 가서 앉았다. 얼마 동안 우리의 대화는 평범한 소식을 주고받으면서 이어졌다. 그녀는 내 공부를 궁금해 했다. 나는 마지못해 대답했다. 공부가 더 이상 내 관심을 끌지 못하고 있다는 사실을 그녀가 알아주길 바랐다. 그녀가 나를 실망시켰던 것처럼 나 역시 그녀를 실망시키고 싶었다. 그렇게 되었는지는 지금도 알 수 없지만, 그녀는 전혀 그런 내색을 하지 않았다. 내 마음은 원망과 사랑으로 가득하였기 때문에 나는 되도록 매몰차게 말하려고 애썼다. 하지만 나는 이따금씩 감동에 겨워 내 목소리가 떨리는 것이 원망스러웠다.

한동안 구름에 가려진 석양이 거의 우리 정면에 있는 지평선에 닿을락 말락 하게 다시 드러났다. 그러더니 텅 빈 들판을 일렁이며 찬란한 낙조로 뒤덮고, 우리의 발아래 펼쳐진 좁은 협곡을 돌연 빛으로 가득 채우더니 사라졌다. 나는 황홀하여 아무 말 없이 앉아 있었다. 일종의 황금빛 도취가 다시 내 몸을 감싸며 스며드는 것을 느끼자, 내 안에서는 원망이 증발해버리고 사랑의 속삭임밖에는 들리지 않았다. 내게 기대어 비스듬히 있던 알리사가 몸을 일으켰다. 그녀는 윗옷에서 얇은 종이에 싸인 작은 상자를 꺼내 내게 내미는 시늉을 하다 말았는데 망설이는 듯했다. 내가 놀라서 바라보자 그녀가 말했다.

"있잖아, 제롬. 이 안에 든 건 내 자수정 십자가 목걸이야. 사흘 전부터 저녁마다 가지고 나왔어. 오래전부터 이걸 너에게 주고 싶었어."

"나더러 그걸 어떻게 하라는 거야?" 나는 꽤 퉁명스럽게 말했다.

"나에 대한 추억으로 간직한 후 네 딸에게 줬으면 해."

"딸이라니?" 그녀의 말뜻을 이해하지 못해서, 나는 알리사를 쳐다보며 소리쳤다.

"진정하고 내 말을 좀 들어줘. 부탁이야. 그러지마, 나를 그렇게 쳐다보지 마. 나를 쳐다보지 마. 벌써부터 네게 말하기가 너무 힘들어. 하지만 이건 꼭 말하고 싶어. 있잖아, 제롬. 언젠가는 결혼하겠지……? 아니, 대답하지 마. 내 말을 끊지 마. 제발. 내가 바라는 것은 그저 내가 너를 무척 사랑했다는 걸 기억해 주었으면 하는 거야. 그리고…… 이미 오래 전부터…… 삼 년 전부터……, 네가 좋아하던 이 작은 십자가를 언젠가 네 딸이 나를 기념하는 뜻으로 걸어 주었으면 하고 나는 생각했어. 아! 누구에게서 온 건지 모르는 채로…… 그리고 어쩌면 그 아이에게…… 내 이름을 붙여 줄 수도 있겠지……"

그녀는 목이 메어 말을 멈췄다. 나는 거의 적의에 찬 목소리로 외쳤다.

"왜 네가 직접 그걸 그 애에게 주지 못하는 거지?"

그녀는 말을 다시 하려고 애를 썼다. 그녀의 입술이 흐느끼는 아이의 입술처럼 떨렸다. 하지만 그녀는 울지 않았다. 그녀의 시선에서 놀라운 광채가 지상의 것이 아닌, 천사와도 같은 아름다움으로 그녀의 얼굴에 넘쳐흘렀다.

"알리사, 내가 대체 누구랑 결혼하겠어? 내가 너밖에 사랑할 수 없다는 걸 알잖아…… 나는 갑자기 정신없이, 거의 난폭할 정도로 그녀를 팔에 안고 입술에 키스를 퍼부었다. 몸을 내맡긴 듯, 나에게 기대어 반쯤 몸을 뒤로 젖히고 있는 그녀를 나는 잠시 붙잡고 있었다. 그녀의 시선이 흐려지는 것이 보였다. 그런 다음 눈꺼풀을 감았다. 그리고 그녀는 비할 데 없이 또렷하고 고운 목소리로 말했다.

"제롬, 우리를 불쌍히 여겨 줘. 아! 우리의 사랑에 상처를 입히지 말아줘!"

어쩌면 그녀는 또 이렇게 말했을지도 모른다. "비겁한 짓은 하지 마!" 아니다, 그건 스스로에게 내가 말했을지도 모른다. 지금에서는 잘 모르겠다. 하지만 갑자기 나는 그녀 앞에 무릎을 꿇고 두 팔로 그녀를 경건하게 껴안으며 말했다.

"나를 그렇게 사랑했다면서, 왜 항상 나를 밀어낸 거야? 자, 봐! 나는 처음에 쥘리에트가 결혼하기를 기다렸어. 너 또한 그 애의 행복을 바란다는 걸 알았으니까. 그 애는 행복해. 나에게 그 얘기를 한 건 바로 너야. 나는 오랫동안 네가 아버지 곁을 지키고 싶다고 생각했어. 하지만 지금은 우리 둘뿐이야."

"오! 과거를 후회하지 말자." 그녀가 중얼거렸다. "난 이제 다 정리했어."

"아직 늦지 않았어, 알리사."

"아니, 제롬, 이젠 늦었어. 우리가 사랑을 통해 사랑보다 더 훌륭한 것을 서로에게서 엿보게 된 그날부터 이미 때는 늦은 거야. 네 덕분에 내 꿈은 너무 높이 올라가서 그 모든 세속적인 만족은 그 꿈을 타락시켜버렸을 거야. 우리가 함께 사는 삶이 어떨까 자주 생각해 봤어. 우리의 사랑이 더 이상 완전하지 못하게 된다면, 그때부터 나는 더 이상 견뎌낼 수 없을 것 같았어…… 우리의 사랑을."

"서로 헤어져 따로 살면 우리의 삶이 어떨지 생각해본 적이 있어?"

"아니! 전혀."

"이제 너도 알고 있잖아! 나는 삼 년 전부터 너 없이 고통스럽게 방황하고 있어……."

날이 저물고 있었다.

"추워." 자리에서 일어나더니 그녀는 내가 팔을 다시 잡을 수 없을 정도로 숄을 아주 바짝 두르며 말했다. "우리를 불안하게 했고, 또 우리가 제대로 이해하지 못할까 봐 걱정했던 《성경》의 그 구절을 너는 기억하니? '그들은 그들에게 약속되었던 것을 얻지 못하였느니라. 하느님께서 가장 좋은 것을 우리를 위해 예비하사……"[57]

"너는 그 말씀을 아직도 믿어?'

"믿어야만 해."

우리는 아무런 말없이 나란히 조금 걸었다. 그녀가 말을 이었다.

"그걸 생각해 보았니, 제롬. '더 좋은 것'을." 갑자기 그녀의 눈에서 눈물이 솟구쳤지만, 그녀는 "더 좋은 것!"을 반복했다.

그녀가 조금 전에 나왔던 그 채소밭의 작은 문 앞에 우리가 다시 이르렀다. 그녀가 나를 향해 돌아서며 말했다.

"잘 가! 아니. 더 이상 오지 마. 잘 가, 내 사랑. 이제 시작될 거야. '더 좋은 것'이."

그녀는 나를 붙잡음과 동시에 밀쳐 내듯, 두 팔을 뻗어 내 어깨에 얹고서는 형언할 수 없는 사랑이 가득 담긴 눈으로 한순간 나를 바라보았다…….

문이 닫히고 그녀 뒤로 빗장이 걸리는 소리가 들리자마자 나는 극도의 절망감에 사로잡혀 그 문에 기대어 쓰러졌다. 그리고 어둠 속에서 한참을 흐느끼며 울었다.

---

57 〈히브리서〉 11장 39-40절.

하지만 그녀를 붙드는 것, 문을 밀고 들어가는 것, 어떻게 해서든 집으로 ─ 내가 못 들어가게 잠겨 있지도 않았겠지만 ─ 들어가는 것……, 아니다, 모든 과거를 되살리기 위해 내가 과거로 돌아가고 있는 지금 생각해 봐도 그것은 나에게 불가능한 일이었다. 지금 내 심정을 이해하지 못하는 사람은 그때의 내 심정도 전혀 이해하지 못할 것이다.

견딜 수 없는 불안한 마음에 사로잡혀서 나는 며칠 뒤에 쥘리에트에게 편지를 썼다. 그녀에게 퐁그즈마르에 갔던 일을 이야기하고, 알리사의 창백하고 야윈 모습이 나를 얼마나 불안하게 했는지를 말했다. 그녀에게 그것에 주의해줄 것과 이제 알리사 자신에게서는 더 이상 기대할 수 없는 소식들을 내게 전해 달라고 부탁했다.

그 뒤 한 달도 채 못 되어 나는 다음과 같은 편지를 받았다.

그리운 제롬 오빠,

오빠에게 무척 슬픈 소식을 전하려 해. 우리의 가엾은 알리사 언니는 더 이상 존재하지 않아…… 아! 슬프게도 오빠의 편지에 씌어 있던 두려움이 정말 근거가 있었던 거야. 몇 달 전부터 언니는 딱히 어디가 아픈 것도 아닌데 쇠약해져 갔어. 어쨌든 내 간청에 못 이겨 언니는 르아브르에 있는 A

의사의 진찰을 받기로 했어. 그 의사는 언니에게 심각한 증상은 없다고 편지를 보냈어. 그런데 오빠가 방문한 사흘 후에 언니가 갑자기 풍그즈마르를 떠나버렸어. 로베르의 편지로 언니의 출발을 알게 되었지. 언니가 내게 편지를 쓰는 일은 아주 드물어서 로베르가 아니었다면 언니가 집을 나간 것도 전혀 몰랐을 거야. 언니에게서 소식이 없다고 당장 걱정하지는 않았을 테니까. 나는 언니를 그렇게 떠나도록 내버려 두었다고, 또 파리까지 따라가지 않았다고 로베르를 심하게 나무랐어. 그 이후로 우리는 언니의 주소도 모르고 있었으니, 오빠 그게 믿어져? 언니를 만날 수도 없고 편지조차 할수 없어서 내가 얼마나 걱정했는지 짐작할 수 있을 거야. 며칠 후에 로베르가 파리에 갔지만 아무것도 알아내지 못했어. 그 애가 너무 무심해서 그 애의 열의를 의심할 수밖에 없었어. 경찰에 신고를 해야 했어. 우리는 그 끔찍한 불안 속에서 그대로 있을 수가 없었어. 에두아르가 수소문해서 마침내 알리사가 은신해 있던 작은 요양원을 찾아냈어. 아아! 너무 늦었어. 나는 요양원장이 보낸 언니의 사망 통지서와 임종조차 지켜볼 수 없었다는 에두아르의 전보를 동시에 받았어. 마지막 날, 언니는 연락이 되도록 편지 봉투 하나에는 우리의 주소를 적어놓고, 다른 하나에는 유언을 담아 르아브르의 공증인에게 보낸 편지의 사본을 넣어두었다고 해. 그 편지의 한 구절은 오빠와 관련이 있다고 생각해. 조만간 오빠에게 알려줄게. 그저께 치러진 장례식에 에두아르와 로베르가 참석할 수 있었어. 관을 따라간 것은 그들만이 아니었다고 해. 요양원의 환자 몇 명이 장례식에 참석하고 묘지까지 시신을 따라가겠다고 고집했다나 봐. 나는 다섯째 아이를 오늘 내일 기다리는 있어서, 불행히도 자리를 뜰 수가 없었어.

그리운 제롬 오빠, 나는 이 사별이 오빠에게 야기할 깊은 슬픔을 알아. 나는 비통한 마음으로 편지를 쓰고 있어. 이틀 전부터 자리에 누워 있어야만 해서 편지 쓰기가 힘들지만, 우리 둘만이 이해할 수 있었던 사람의 얘기를 나 아닌 다른 사람이, 에두아르나 로베르조차도, 오빠에게 전하게 하고 싶지 않았어. 나도 나이 먹은 가정주부가 되었고, 많은 잿더미가 불타오르던 과거를 잿더미로 덮어버린 지금, 오빠를 다시 보고 싶어해도 괜찮겠지. 볼 일이 있거나 아니면 즐거움삼아 언제라도 님에 오게 되면 애그비브까지 와. 에두아르도 오빠를 보면 기뻐할 거야, 우리 둘이서 알리사 언니 얘기를 할 수도 있을 거고. 안녕, 그리운 제롬 오빠. 몹시 슬픈 마음으로 키스를 보내며.

며칠 후, 나는 알리사가 퐁그즈마르의 집은 로베르에게 남겼으나, 자기 방에 있던 모든 물건과 그녀가 지목한 가구 몇 점은 쥘리에트에게 보내도록 부탁했다는 것을 알게 되었다. 알리사가 내 이름으로 봉인해 둔 서류는 곧 받기로 되어 있었다. 그리고 나는 또한 나의 마지막 방문 때 받기를 거절했던 작은 자수정 십자가를 알리사가 자기 목에 걸어달라고 부탁했다는 것도 알게 되었다. 그리고 그 부탁이 이행되었다는 사실은 테시에르를 통해 들었다.

공증인이 내게 보내준 봉인된 봉투에는 알리사의 일기가 들어 있었다. 나는 여기에 그 일기 중 많은 페이지를 옮겨 적는다. 나는 아무 주석 없이 그대로 옮겨 적는다. 여러분은 이 일기를 읽으면서 내 마음에 떠오르는 생각들, 도저히 완벽하게 설명할 수 없는 내 마음의 동요를 충분히 상상할 수 있을 것이다.

알리사의 일기

애그비브

그저께 르아브르 출발, 어제 님 도착. 나의 첫 여행! 살림이나 부엌일에 대한 아무런 걱정 없이, 그로 인한 가벼운 마음으로 한가로이, 188*년 5월 23일, 나의 스물다섯 번째 생일에 일기를 쓰기 시작한다. 큰 즐거움은 없지만 그저 이야기상대로 삼으려는 생각에서이다. 아직 접촉해보지 않은, 거의 낯설고 색다른 땅에서, 나는 어쩌면 처음으로 홀로임을 느끼기 때문이다. 이 땅이 나에게 들려줄 이야기도, 노르망디 지방이 들려주었던 것이나 풍그즈마르에서 내가 계속 듣던 것과 비슷할 것이다. 하느님은 어디에 계시든 다르지 않으시니까. 하지만 이 땅, 이 남불(南佛)의 땅에서는 내가 아직 배운 적이 없는 언어로 말을 하고, 나는 그 언어를 들으면서 놀란다.

5월 24일

쥘리에트는 내 곁에 있는 긴 의자에서 졸고 있다. 이탈리아

풍으로 지어져 이 집에 매력을 주는 탁 트인 회랑 안에서이다. 이 회랑은 정원으로 이어지고 모래가 깔린 안마당과 높이가 같다. 쥘리에트는 이 의자에서 일어나지 않고서도 연못까지 아래로 펼쳐진 잔디밭을 볼 수 있다. 연못에서는 알록달록한 오리 떼가 파닥거리고, 백조 두 마리가 헤엄치고 있다. 여름에 한 번도 마른 적이 없는 개울물, 이 연못에 물을 대준 다음 점점 더 야생 숲으로 변해 가는 정원을 가로질러 흐르다가 메마른 벌판과 포도밭 사이에서 점차 좁아지더니 이윽고 완전히 사라져 버린다.

……어제, 내가 쥘리에트 곁에 있는 동안 에두아르 테시에르는 아버지에게 정원, 농장, 포도주 저장실, 포도밭 등을 구경시켜 드렸다. 그래서 오늘 아침 아주 이른 시간부터 나는 큰 공원 안을 이것저것 살펴보며 처음으로 혼자 산책할 수 있었다. 본 적이 없는 초목들이 많이 있었지만, 그래도 그것들의 이름은 알고 싶었다. 점심때 이름을 물어보려고 그것들의 잔가지 하나하나를 꺾었다. 그중에서 나는 보르게세 공원[58]에선가, 아니면 도리아 팜필리[59] 공원에선가 제롬이 보고 감탄했던 초록빛 떡갈나무들, 북

---

58 로마에 있는 보르게세 공원, 박물관과 미술관이 있는 곳으로, 교황 바오로 5세의 조카 시피오네 보르게세 추기경의 저택이었음.

59 17세기에 교황 이노센트 10세의 조카 카밀로 팜필리를 위해 지은 고대 로마식 별장으로, 지금은 로마에서 가장 큰 공원임.

불(北佛)의 떡갈나무들과는 먼 친척 간이지만 모양이 아주 다른 초록빛 떡갈나무들을 알아보았다. 그 나무들은 공원의 거의 끝에 있는 좁고 신비로운 공터를 에워쌌고, 요정들의 합창을 유도하는 듯, 발아래 부드럽게 밟히는 잔디밭 위로 늘어져 있었다. 풍그즈마르에서는 자연에 대한 나의 감정이 그토록 깊이 기독교적이었던 데 반해, 이곳에서는 나도 모르게 약간 신화적으로 변해 가는 것이 놀랍기도 하고 거의 두려울 정도이다. 하지만 점점 더 나를 억누르는 그런 두려움 역시 종교적인 것이었다. 나는 '히크 네무스[60]'라고 중얼거렸다. 대기는 수정처럼 투명했고, 이상한 정적이 감돌았다. 나는 오르페우스[61]와 아르미다[62]에 대해 생각하고 있었다. 그때 갑자기 새 한 마리의 노랫소리가 들렸다. 너무 가까이서 들려온 그 노랫소리는 너무나 감동적이고 순수해서, 문득 자연 전체가 그 소리를 기다리고 있었던 것처럼 느껴졌다. 내가슴이 몹시 두근거렸다. 나는 잠시 나무에 기대어 서 있다가 아직 아무도 일어나기 전에 집으로 돌아왔다.

---

60 hic nemus: 여기는 성스러운 숲이다.

61 그리스 신화에 나오는 천부적인 재능을 지닌 음악가이자 리라의 명수로 지옥의 왕 하데스를 감동시킴.

62 이탈리아 르네상스 시대를 대표하는 시인 타소의 서사시《해방된 예루살렘》에 등장하는 마력을 지닌 여인.

5월 26일

여전히 제롬으로부터 소식이 없다. 그가 르아브르로 편지를 보냈으면, 이곳에 있는 나에게 전달되었을 텐데…… 나는 불안을 오직 이 일기장에만 털어놓을 수밖에 없다. 어제는 보(Baux)까지 산책을 했고, 사흘 전부터 기도를 드리고 있지만, 잠시도 이 불안에서 벗어날 수가 없다. 오늘은 이것 외에는 다른 어떤 얘기도 쓰지 못하겠다. 애그비브에 온 이래로 나를 괴롭히는 이 이상한 우울증에는 아마 별 다른 원인이 없을 거다. 하지만 이 우울증이 너무나 마음속 깊이 느껴져, 이젠 오래전부터 거기에 있었던 것처럼 생각되고, 내가 자랑스럽게 여기는 기쁨도 이 우울증을 에워싸고 있는 것에 불과하다는 생각이 든다.

5월 27일

왜 내가 나 자신을 속여야 할까? 내가 쥘리에트의 행복을 기뻐하는 것은 애쓴 마음의 결과에 의한 것이다. 내가 그토록 바랐던 그 애의 행복, 내 행복까지 희생해 주겠다고 했을 정도로 바랐던 그 행복이 어려움 없이 얻어졌다는 것, 또 그 행복이 그 애와 내가 상상했던 것과 너무 다른 것을 보니 가슴이 아프다. 얼마나 복잡한가! 그렇다…… 그 애가 자신의 행복을 내 희생 위에서가 아니라 다른 곳에서 찾았다는 것, 또 그 애가 내 희생 없이도 행복해질 수 있었다는 것에 대해, 내 마음속에서 되살아난 끔찍한 이기주의가 분개하고 있다는 것을 내 스스로 잘 알고 있다.

그리고 제롬의 침묵이 내게 어떤 불안을 야기한지를 알고 있는 지금, 나는 그 희생이 정말로 이루어졌는가를 내 마음속에서 물어본다. 하느님께서 더 이상 나에게 희생을 요구하지 않으신 것을 나는 부끄럽게 여기고 있다. 내게 그런 희생을 할 수 있는 능력이 전혀 없었던 것일까?

5월 28일

나의 슬픔에 대한 이런 분석은 얼마나 위험한가! 나는 벌써 이 일기장에 집착하고 있다. 이미 극복되었다고 믿었던 허영심이 여기서 제 권리를 회복한 것일까? 아니다. 이 일기는 그 앞에서 내 영혼이 치장하기 위해 아첨하는 거울이 되어서는 안 된다! 내가 일기를 쓰는 것은 처음에 생각했던 것처럼 무료함 때문이 아니라 슬픔 때문이다. 슬픔이란, 내가 알지 못했고, 내가 지금 증오하고 또 내 영혼으로부터 '떨쳐 버리고' 싶은 '죄의 상태'다. 이 일기장은 내가 내 안에서 행복을 찾는 데 도움이 되어야 한다.

슬픔은 복잡한 얽힘이다. 나는 한 번도 내 행복을 분석하려 한 적이 없었다.

풍그즈마르에서도 나는 외로웠다. 지금보다도 더…… 그런데 왜 나는 그것을 느끼지 못했을까? 제롬이 이탈리아에서 편지를 보냈을 때, 그가 나 없이 세상을 보고, 그가 나 없이 살아가리라는 것을 기꺼이 받아들였다. 나는 마음속으로 그를 따랐고, 그의 기쁨을 나의 기쁨으로 여겼다. 하지만 지금은 나도 모르게 그를 부르고 있다. 그가 없으니, 눈에 보이는 새로운 것들마다 나를 괴롭혀…….

6월 10일

쓰기 시작한 지 얼마 안 되어 이 일기는 오래 중단되었다. 귀여운 리즈의 출생. 쥘리에트 곁에서 돌보며 보낸 밤샘. 제롬에게 쓸 수 있는 모든 것을 여기에 쓰는 것이 전혀 즐겁지 않다. 나는 많은 여자들이 공통으로 지닌 결점, '너무 많이 쓴다'는 참을 수 없는 결함을 피하고 싶다. 이 일기장을 자기완성의 한 도구로 여길 것.

독서 중에 적은 메모, 책에서 베낀 구절 등이 여러 페이지에 걸쳐져 있었다. 그 다음은 다시 풍그즈마르에서 적은 날짜가 적혀 있었다.

7월 16일

쥘리에트는 행복하다. 그 애도 그렇게 말하고, 또 그렇게 보인다. 나는 그것을 의심할 권리도 없고 이유도 없다…… 그런데 지금 그 애 곁에서 느끼는 이 불만, 이 불편한 감정은 어디에서 오는 것일까? 어쩌면 이 행복이 너무나 현실적이고, 너무나 쉽게 얻어진 것이어서, 또 '자로 잰 듯' 너무 완벽해서, 영혼을 옥죄고 질식시키는 것처럼 느껴지기 때문이 아닐까……

그래서 나는 지금 내가 바라는 것이 행복 그 자체인지, 아니면 행복에 이르는 도정인지 스스로 물어본다. 오, 주여! 너무 빨리 다다를 수 있는 행복으로부터 저를 지켜주소서! 당신께 갈 때까지 저의 행복을 미루고, 후퇴시킬 수 있도록 가르쳐 주옵소서!

그 뒤로 여러 장이 뜯겨져 있었다. 분명 거기에는 르아브르에서의 우리의 고통스러웠던 재회가 적혀 있었을 것이다. 일기는 그 다음 해에야 다시 시작되고 있었다. 날짜가 없는 장들은 내가 풍그즈마르에 체류할 때 쓴 것이 분명했다.

때때로 그가 말하는 것을 들으면, 생각하는 나 자신을 내가 보고 있는 것 같다. 그는 나 자신에게 나를 설명해주고, 또 드러내 보여준다. 그가 없이 내가 존재할 수 있을까? 나는 오직 그와 함께 존재할 뿐이다…….

때때로 내가 그에게서 느끼는 것이 과연 사람들이 사랑이라고 부르는 것인지 망설여진다. 그만큼 사람들이 보통 사랑에 대해서 묘사하는 것과 내가 묘사할 수 있는 것이 너무 다르다. 사랑에 대해 아무것도 말하지 않고, 내가 그를 사랑한다는 것조차 알지 못한 채, 나는 그를 사랑하고 싶다. 특히 내가 그를 사랑한다는 사실을 그가 모르게 그를 사랑하고 싶다.

그가 없이 내가 살아야만 한다면 그 어떤 것도 더 이상 내게 기쁨이 되지 못한다. 나의 모든 미덕은 오직 그의 마음에 들기 위한 것이었다. 하지만 그의 곁에서 나의 미덕이 무기력해짐을 느낀다.

매일 조금씩 나아지는 것처럼 생각되었기 때문에 나는 피아노 연습을 좋아했다. 내가 외국어 책을 읽으면서 느끼는 은밀한 즐거움도 아마 그와 마찬가지일 것이다. 우리 말보다 외국어가 더 좋다거나, 내가 좋아하는 우리 나라 작가들이 외국 작가들에 비해 조금 떨어지는 것처럼 보이기 때문은 아니다. 하지만 의미와 느낌을 추적해 나가는 데서 느끼는 약간의 어려움, 그리고 그 어려움을 잘 극복하는 데서, 또 항상 더 잘 극복해내는 데서 느끼는 무의식적인 자부심은 정신의 기쁨에 뭔지 모를 영혼의 만족을 더해준다. 그런데 나는 이 영혼의 만족 없이는 살 수 없을 것 같다.

아무리 행복하더라도 나는 진보 없는 상태를 바랄 수 없다. 천상의 기쁨은 하느님 안에서의 융합이 아니라, 하느님을 향해 영원히 끊임없이 가까이 가는 것이라고 생각한다…… 감히 말장난을 해보자면, 나는 '진보적'이 아닌 기쁨은 경멸한다고 말할 것이다.

오늘 아침, 우리 둘은 가로수 길의 벤치에 앉아 있었다. 우리는 아무 말도 하지 않았고, 무슨 말을 할 필요도 느끼지 못했다…… 갑자기 그가 나에게 내세를 믿느냐고 물었다.

"그럼, 제롬." 나는 즉시 외쳤다. "그건 나에게는 희망 이상이야. 그것은 확신이야……"

그러자 문득 나의 모든 신앙심이 그 외침에 속으로 쏟아져 들어간 것처럼 보였다.

"알고 싶은 게 있어!" 그가 덧붙였다……. 그리고 잠시 말을 멈추더니 다시 이었다. "신앙심이 없다면 너는 다르게 행동할까?"

"내가 그걸 어떻게 알겠어?" 그에게 대답했다. 그리고 이렇게 덧붙였다. "하지만 제롬, 네 생각이 어떻든 간에, 더 없이 열렬한 신앙심에 의해 고무된다면, 너도 달리 행동할 수 없을 거야. 그리고 달라진다면, 나는 결코 너를 사랑하지 않을 거고."

아니야, 제롬, 아니야. 우리의 미덕은 미래의 보상을 추구하는 게 아니야. 우리의 사랑이 추구하는 것은 보상이 아냐. 고귀하게 태어난 영혼한테는 자신의 고통에 대한 대가를 생각한다는 건 모욕적이야. 그런 영혼에게 미덕은 장식품도 아니야. 아니야, 미덕은 그런 영혼이 지닌 아름다움의 형상이야.

아버지의 건강이 또다시 좋지 않다. 심하지 않으시기를 바라지만 사흘 전부터 어쩔 수 없이 다시 우유만 드시게 되었다.

어젯밤 제롬이 자기 방으로 올라간 다음, 나와 함께 늦도록 앉아 계시던 아버지께서 잠시 나를 두고 밖으로 나가셨다. 나는 소파에 앉아 있었다. 아니, 앉아 있었다기보다는 ― 내게는 좀처럼 드문 일인데 ― 누워 있었다. 왜 그랬는지는 모르겠다. 등갓이 불빛으로부터 내 눈과 상체를 가려주었다. 나는 드레스 밖으로 약간 나온 내 발끝에 램프의 불빛이 비치는 것을 무심히 바라보고 있었다. 아버지는 들어오시다가 잠시 문 앞에 서서, 미소를 지으시는지 슬퍼하시는지 기이한 태도로 나를 뚫어지게 쳐다보셨다. 나는 막연한 당혹감을 느끼며 몸을 일으켰다. 그러자 아버지가 내게 손짓을 하셨다.

"이리 와서 내 옆에 앉아라." 이렇게 말씀하시더니, 벌써 밤이 꽤 깊었는데도 아버지는 어머니에 대한 이야기를 시작하셨다. 두 분이 헤어지신 이후로 한 번도 하신 적이 없는 이야기였다. 어떻게 해서 어머니와 결혼하게 되셨는지, 얼마나 어머니를 사랑하셨는지, 어머니가 처음에 자신에게 어떤 존재였는지를 들려주셨다.

"아버지." 마침내 내가 아버지에게 말했다. "왜 오늘 밤에 저한테 그런 얘기를 하시는지 말씀해주세요. 하필이면 왜 오늘 밤에 그런 얘기를 하시게 되었는지……"

"조금 전에 내가 응접실에 들어오면서 소파에 누워 있는 네 모습을 보니, 잠시 네 어머니를 다시 보는 것 같은 생각이 들었기 때문이다."

내가 이처럼 애써 여쭤본 것은, 제롬이 바로 그날 저녁에…… 내 안락의자에 기대어 서서, 내 어깨 너머로 몸을 굽혀 책을 함께 읽었기 때문이었다. 나는 그의 모습을 볼 수는 없었지만 그의 숨소리, 그의 몸의 온기와 떨림 같은 것을 느낄 수 있었다. 나는 계속 책을 읽는 척했지만, 이미 머릿속에 아무것도 들어오지 않았다. 더 이상 행간을 구분할 수조차 없었다. 너무나 야릇한 마음의 혼란에 사로잡혀 있었기 때문에, 아직 일어날 힘이 있을 때 나는 서둘러서 의자에서 일어나야 했다. 다행스럽게 그에게 아무것도 들키지 않고 나는 잠시 방에서 나올 수 있었다…… 하지만 얼마 후, 응접실에 혼자 남아, 아버지께서 내가 어머니를 닮았다고 생각하신 소파에 누워 있을 때, 나는 정말로 어머니를 생각하고 있었다.

그날 밤, 마음속에서 회한처럼 떠오르는 과거의 추억에 사로잡혀 불안하고 답답하고 비참해진 나는 잠을 잘 자지 못했다. 주여, 악의 형상을 한 모든 것에 대한 혐오를 저에게 가르쳐 주옵소서.

가엾은 제롬! 때로 그가 작은 몸짓을 하기만 하면 된다는 것을, 또 때로 내가 그것을 기다리고 있다는 것을 그가 알기만 한다면…….

어렸을 때, 그때조차 내가 아름다워지길 바랐던 것은 바로 제롬 때문이었다. 지금 생각해 보면, 내가 '완전을 지향'했던 것도 오직 그를 위해서였던 것 같다. 그런데 이 완전은 그가 없어야 이루어질 수 있다는 것, 오, 주여!, 그것이 바로 당신의 모든 가르침 중 저의 영혼을 가장 당혹케 하는 것이옵니다.

덕성과 사랑이 하나가 된 영혼은 얼마나 행복할 것인가! 때로 나는 사랑한다는 것, 온 힘을 다해 사랑한다는 것, 항상 더욱더 사랑하는 것 외에 다른 덕성이 있는지 의심해 본다⋯⋯ 하지만 또 어떤 날은, 아아!, 덕성이 사랑에 대한 저항으로만 보인다. 이럴 수가! 내 마음의 가장 자연스러운 성향을 내각 감히 덕성이라 부를 수 있는가! 오! 매력적인 궤변이여! 허울 좋은 권유여! 교활한 행복의 신기루여!

오늘 아침, 나는 라 브뤼예르[63]의 책에서 이런 구절을 읽었다.

"인생길에서 금지하고 있지만, 너무나 소중한 쾌락과 다정한 유혹이 있어서, 때로는 사람들이 그것을 허용하였으면 하고 바라는 것이 적어도 자연스러울 때가 있다. 그처럼 큰 매력들은 덕성

---

63 17세기 프랑스의 작가로 《성격론》이 유명함.

이라는 매력을 통해서 그것들을 포기할 수 있다는 사실을 알게 됨으로써만 극복될 수 있다."

그런데 나는 왜 여기서 금지된 어떤 것을 생각하였을까? 사랑의 매력보다 더 강하고 더 달콤한 매력이 은근히 나를 유도하기 때문일까? 아! 우리 두 사람의 영혼을 사랑의 힘으로, 또 사랑 저 너머로까지 이끌어 갈 수만 있다면⋯⋯!

아아! 슬프게도 나는 이제 너무 잘 이해한다. 하느님과 제롬 사이에는 오로지 나라는 장애물이 있을 뿐이라는 사실을. 어쩌면 제롬의 말대로, 처음에는 나를 향한 사랑이 그를 하느님께로 기울게 했을지 모르지만, 이제는 그 사랑이 그것을 가로막고 있다. 그는 나 때문에 머뭇거리고, 다른 것보다 나를 더 좋아한다. 그리하여 나는 이제 그가 덕성을 향해 나아가는 것을 가로막는 우상이 된 것이다. 우리 둘 중 한 사람이라도 거기에 도달해야 한다. 하느님, 비겁한 제 마음은 이 사랑을 극복할 수 없어 절망하고 있사오니, 그가 저를 더 이상 사랑하지 않도록 만들 힘을 저에게 허락해 주옵소서. 그러면 저의 공덕보다 훨씬 더 훌륭한 그의 공덕을 주님께 바칠 수 있을 것이오니⋯⋯ 오늘 저의 영혼이 그를 잃고서 흐느껴 울고 있사오나, 그것은 장차 주님 안에서 제가 그를 다시 찾기 위함이 아니옵니까⋯⋯.

오, 주여! 말씀해 주옵소서! 일찍이 어떤 영혼이 그의 영혼보다 더 주님께 합당한 적이 있었습니까? 그는 저를 사랑하는 것보다 더 훌륭한 일을 위해 태어난 것이 아니옵니까? 그가 제 곁에 머문다면 제가 그를 더 사랑할 수 있겠사옵니까? 영웅적일 수 있는 그 모든 것이 행복 속에서 얼마나 움츠리는지요……!

일요일
"하느님께서 우리를 위해 더 좋은 것을 예비해 두셨기에."

5월 3일 월요일
행복이 여기, 바로 옆에 있으니, 그가 마음만 먹으면…… 손을 뻗기만 하면 잡을 수 있을 텐데…….

오늘 아침, 그와 이야기하면서 나는 희생을 완전히 이루었다.

월요일 저녁
그는 내일 떠난다…….

사랑하는 제롬, 언제나 한없는 애정으로 너를 사랑해. 하지만 이제 다시는 네게 그런 말을 할 수 없을 거야. 내가 내 눈, 내 입술, 내 영혼에 부과하는 구속이 너무 가혹해서, 너와 헤어지는 것이 나에게는 해방이자 쓸쓸한 만족이야.

나는 이유를 가지고 행동하려 애쓰지만, 행동하는 순간에 나를 움직이게 하던 이유가 나를 저버리거나 또는 어리석게 보인다. 나는 더 이상 그것을 믿지 않는다…….

나로 하여금 그를 피하게 하는 이유? 이제 더 이상 그것을 믿지 않는데…… 그런데도 나는 슬퍼하면서 왜 피하는지 알지도 못한 채 그를 피한다.

주여! 제롬과 제가 함께, 서로에 의해 인도되어 당신 앞으로 나아가도록 해주옵소서. '형제여, 힘들면 내게 기대게'라고 한 사람이 말하면, '자네를 내 곁에서 느끼는 것만으로도 충분하네…….'라고 대답하는 두 순례자처럼, 그렇게 인생의 길을 끝까지 걸어갈 수 있도록 해주옵소서. 아니옵니다! 주께서 저희에게 가르쳐주시는 길은 좁은 길…… 둘이서 나란히 걷기에는 너무도 좁은 길이옵니다.

7월 4일

내가 이 일기장을 열지 않은 것도 벌써 여섯 주가 넘는다. 지난달에 몇 페이지를 다시 읽다가, 잘 쓰려고 하는 어리석고 그릇된 조바심을 갑자기 발견했다……. 이것이 '그'에게서 연유한 것이다.

그가 없이 살아가는 데 도움이 되도록 하기 위해 시작한 이 일기 속에서도 나는 계속해서 '그에게' 편지를 쓰고 있는 것만 같다.

나는 '잘 씌었다'고 여겨지는 모든 페이지를 찢어버렸다(나는 그런 행동이 무엇을 의미하는지를 잘 안다). 그와 관련된 모든 페이지는 찢어버려야 했을 것이다. 모두 다 찢어버렸어야 했을 것이다…… 하지만 나는 그렇게 할 수 없었다.

그리고 그 몇 페이지를 찢어버린 것만으로도 나는 약간의 자부심을 느꼈다…… 내 마음이 이토록 병들지 않았다면 웃어넘겼을 자부심을.

정말로 내가 장한 일을 해낸 것 같았고, 내가 대단한 무엇을 없앤 것 같았다!

7월 6일
나는 어쩔 수 없이 책꽂이에서 책을 추방해야만 했다…….

나는 그를 피해 이 책에서 저 책으로 달아나지만, 그를 다시 만나게 된다. 그가 없는데도, 심지어 내가 펼친 페이지에서 그것을 나에게 읽어주는 그의 목소리를 듣는다. 나는 오직 그가 흥미를 갖는 것에만 재미를 붙인다. 내 생각은 그의 생각과 상당히 같은 모습을 띠게 되어서 우리 둘의 생각이 한데 뒤섞이는 것을 즐거워했던 때와 마찬가지로, 나는 우리 둘의 생각을 더 이상 구분할 수 없다.

때때로 그의 문장의 리듬에서 벗어나려고 나는 일부러 서툴게 쓰려고 애를 쓴다. 하지만 그에게 맞서 싸우는 것, 그것도 여전히 내가 그에게 몰두해 있는 것이다. 나는 당분간 《성경》(어쩌면 《그리스도를 본받아》)외에는 아무것도 읽지 않고, 이 일기장에도 매일 읽은 것 중에서 특히 눈에 띄는 구절 외에는 쓰지 않기로 결심한다.

이 뒤로는 일종의 '그날의 양식'이라는 말이 적혀 있었는데, 7월 1일부터 시작해 매일 《성경》의 한 구절이 덧붙여져 있었다. 여기에는 주석이 달려 있는 것만을 옮겨 적는다.

7월 20일

"네가 가진 것을 모두 팔아 가난한 자들에 나누어 주라." [64]

오직 제롬에게만 쏟는 마음을 가난한 사람들에게 주어야 함을 나는 깨달았다. 그리고 그것은 동시에 그에게도 그렇게 하라고 가르쳐주시는 것이 아닐까……? 주여, 저에게 그럴 용기를 주옵소서.

7월 24일

나는 《내면의 위안》을 읽는 것을 중단했다. 그 고어체 글은 무척 재미있었지만, 내 마음을 산란하게 했으며, 거기서 맛보았

---

64 〈누가복음〉 18장 22절

던 거의 이교도적인 기쁨은 내가 거기서 찾고자 했던 감화하는 아무런 상관이 없다.

《그리스도를 본받아》를 다시 읽기 시작했다. 너무도 이해하기 힘든 라틴어 텍스트는 아니다. 내가 읽는 번역본에 역자의 이름조차 없는 것이 마음에 든다. 신교 쪽의 번역임에 분명하나, 표제에는 '모든 기독교 단체에 적합함'이라고 적혀 있다.

"아! 그대가 덕성을 향해 나아감으로써 얼마나 큰 평화를 얻을 수 있고, 얼마나 큰 기쁨을 남들에게 줄 수 있는지 안다면, 그 일에 더욱더 정성을 기울여 노력하리라는 것을 나는 확신할 수 있다." [65]

8월 10일

주여, 당신을 향해 제가 어린애 같은 신앙심의 열정과 천사의 초인간적인 음성으로 외칠 때…….

그 모든 것이 제롬이 아닌 당신으로부터 오는 것임을 저는 알고 있습니다.

그런데 당신께서는 어찌하여 당신과 저 사이, 모든 곳에서 그의 모습을 두십니까?

---

65 《그리스도를 본받아》, 1권 11장.

8월 14일

이 일을 완성하는 데 앞으로 두 달 이상이…… 오, 주여, 저를 도와주옵소서!

8월 20일

내 마음속에서 희생이 이루어지지 않았음을 나는 분명히 느낀다. 나는 그것을 '내 슬픔에서' 느낀다. 오, 주여, 오직 그만이 알게 해주던 그 기쁨을, 이제는 오직 당신에게서만 얻게 해주소서.

8월 28일

내가 얼마나 보잘것없고 한심한 덕성에 이르렀는가! 나는 나 자신에게 너무 지나친 요구를 한 것인가? 더 이상 감당할 수 없을 만큼.

주님께 힘을 주십사 하고 항상 애원하다니, 이 무슨 비겁함인가! 지금 나의 기도는 모두 하소연에 불과하다.

8월 29일

"들에 핀 백합화를 보라……"[66]

---

66 〈누가복음〉 12장 27절 참고.

오늘 아침 이 소박한 말씀이 도저히 떨쳐낼 수 없는 슬픔 속에 나를 잠기게 했다. 들판으로 나갔는데, 나도 모르게 줄곧 되뇌던 그 말씀이 내 마음과 두 눈을 눈물로 가득 채웠다. 나는 농부가 쟁기 위로 몸을 굽혀 밭을 갈고 있는 드넓은 들판을 바라보았다. "들의 백합화", 하지만 주여, 백합화는 어디에 있사옵니까……?

9월 16일 밤 10시

그를 다시 만났다. 그는 여기, 이 지붕 밑에 있다. 그의 방 창문에서 새어 나오는 불빛이 잔디밭 위에 보인다. 내가 이 글을 쓰고 있는 동안 그는 깨어 있다. 어쩌면 그가 내 생각을 하고 있는지도 모른다. 그는 변하지 않았다. 그도 그렇게 말하고, 나도 그것을 느낀다. 그가 나와의 사랑을 끊도록 하기 위해, 이미 작정한 대로의 내 모습을 그에게 보여 줄 수 있을까?

9월 24일

아! 마음속으로는 까무러칠 것 같은데도 내가 무관심과 냉담을 가장할 수 있었던 잔인한 대화…… 지금까지 나는 그를 피하는 것으로 만족했다. 하지만 오늘 아침, 주님께서 나에게 이겨낼 힘을 주실 것이며, 계속 싸움을 피하는 것은 비겁한 행동이라는 것이라는 믿음을 갖게 되었다. 내가 승리한 걸까? 제롬이 나를 조금 덜 사랑하게 되었을까……? 아! 슬프게도 나는 그것을 바라면서도 또 두려워하고 있다……! 내가 지금보다 그를 더 사랑한 적은 없다.

하지만 주여, 그를 저에게서 구해 내기 위해 제가 없어져야 한다면, 그렇게 하소서……!

"저의 마음과 영혼 속으로 들어오시어, 저의 고통을 짊어지시고, 그리스도의 수난에서 남아 있는, 겪어야 할 저의 마음속 고통을 계속 감당하옵소서."[67]

우리는 파스칼에 대해 이야기를 나누었다…… 그에게 내가 무슨 말을 할 수 있었던가? 얼마나 부끄럽고 부조리한 얘기였던가! 그런 얘기를 하는 동안에도 벌써 괴로웠지만, 오늘밤은 내가 신성모독이라도 저지른 것처럼 후회가 된다. 나는 묵직한 《팡세》를 다시 집어 들었다. 저절로 펼쳐진 곳이 로아네 양[68]에게 보내는 편지 중의 다음 구절이었다.

"인도하는 이를 자진해서 따를 때는 속박이 느껴지지 않습니다. 하지만 저항하고 벗어나기 시작할 때부터는 몹시 괴로워집니다."

---

67 파스칼의《병의 선용(善用)을 하느님께 구하는 기도》의 한 구절.

68 파스칼의 친구인 로아네 공작의 여동생으로 파스칼의 연인이었다고 함.

이 말이 너무나 직접 내 마음에 와 닿아서 나는 계속 읽어나 갈 힘을 잃었다. 하지만 다른 곳을 펼치자 내가 알지 못했던 훌륭한 구절이 눈에 띄었고, 나는 그것을 베껴두었다.

이 일기의 첫 번째 노트는 여기서 끝났다. 이어지는 또 한 권은 없애 버린 것 같다. 왜냐하면 알리사가 남긴 서류 속의 일기는 그로부터 3년이 지나서, 다시 말해 우리가 9월 퐁그즈마르에서 마지막으로 만나기 직전부터 다시 시작되고 있었기 때문이다.

마지막 일기는 다음과 같은 구절로 시작된다.

9월 17일

주여, 제가 당신을 사랑하기 위해서 그가 필요하다는 것을 당신은 잘 알고 계십니다.

9월 20일

주여, 당신께 저의 마음을 바치고자 하오니, 그를 저에게 주옵소서.

주여, 단지 그를 다시 만나게만 해 주옵소서.

주여, 당신께 저의 마음을 바치기로 약속하옵나이다. 하오니 저의 사랑이 당신께 청하는 바를 허락해 주옵소서. 저의 남은 생은 오직 당신께만 바치겠나이다.

주여, 이 비열한 기도를 용서해 주옵소서. 저의 입술에서 그의 이름을 떼어놓을 수도 없고, 저의 마음속 괴로움을 잊어버릴 수도 없사옵니다.

주여, 당신께 외치옵니다. 저를 이 비탄 속에 버려두지 마시옵소서.

9월 21일
"너희가 내 이름으로 내 아버지께 무엇을 구하든지⋯⋯."[69]

주여! 당신의 이름으로 저는 감히 못하나이다⋯⋯.

하오나 제가 저의 기도를 입 밖에 내지 않는다 하더라도, 주님께서는 제 마음속 간절한 소원을 모르시진 않으시겠지요?

9월 27일
오늘 아침부터 마음이 많이 편하다. 지난밤은 명상과 기도로 거의 지새웠다. 어렸을 때 성령에 대해 해보던 상상과 흡사한, 빛나는 평화 같은 것이 나를 감싸고 내게로 내려오는 듯했다. 이 기쁨이 단지 신경의 흥분 탓이 아닐까 걱정하여 나는 얼른 잠자리에 들었다. 나는 그 지복이 사라지기 전에 곧 잠들었다. 오늘 아침에도 그 기쁨은 온전히 거기에 남아 있다. 이제는 그가 올 거라는 확신이 든다.

---

69 〈요한복음〉 14장 13절 참조.

9월 30일

제롬! 나의 벗, 아직도 동생이라 부르기는 하지만, 내가 동생
보다 훨씬 더 사랑하는 너…… 너도밤나무 숲에서 나는 몇 번이
나 네 이름을 소리쳐 불렀던가……! 매일 해가 질 무렵에 나는 채
소밭의 작은 문을 빠져나가, 벌써 어둑해진 가로수 길을 내려간
다…… 네가 갑자기 대답을 하고, 네가 거기, 내 눈길이 서둘러
둘러보는 돌투성이의 비탈 뒤에서 나타난다 해도, 또는 나를 기
다리며 벤치에 앉아 있는 네 모습이 멀리서 보인다고 해도, 내 가
슴은 놀라서 뛰지 않을 것이다…… 반대로 네 모습이 보이지 않
아 놀란다.

10월 1일

아직 아무 일도 없다. 해는 비할 데 없이 맑은 하늘 속으로
저물었다. 나는 기다린다. 머지않아 이 벤치 위에 내가 그와 함
께 앉게 되리라는 것을 나는 안다…… 벌써 그의 말소리가 들린
다. 그가 내 이름을 부르는 소리를 듣는 것을 나는 아주 좋아 한
다…… 그는 여기에 앉을 것이다! 그의 손에 내 손을 맡길 것이
다. 그의 어깨에 내 얼굴을 기댈 것이다. 그의 곁에서 숨을 쉴 것
이다. 어제 나는 그의 편지 몇 통을 다시 읽어 보려고 가지고 나
왔다. 하지만 그의 생각에 너무 골몰해 그 편지들을 쳐다보지도
않았다. 나는 또한 그가 좋아하던 자수정 십자가, 지나간 어느 여

름날 그가 계속 떠나지 않기를 바라는 동안 저녁마다 목에 걸었던 그 십자가도 가지고 나왔다.

이 십자가를 그에게 돌려주고 싶다. 이미 오래전부터 나는 이런 꿈같은 생각을 했다. 그가 결혼하면 나는 그의 첫 딸, 어린 알리사의 대모가 되어 그 애에게 이 보석을 줄 거라고…… 왜 나는 그에게 그 말을 감히 하지 못했을까?

10월 2일

오늘 나의 영혼은 하늘에 둥지를 튼 새처럼 가볍고 즐겁다. 오늘 그가 올 것이다. 나는 그걸 느낀다! 안다! 나는 모든 사람들에게 그걸 외치고 싶다. 나는 여기에라도 그것을 꼭 써야겠다. 나는 내 기쁨을 더 이상 감출 수 없다. 평소에 그토록 산만하고 나에게 무관심한 로베르조차도 나의 기쁨을 눈치 챘다. 그의 질문에 나는 당황해서, 뭐라고 대답해야 할지 몰랐다. 오늘 저녁까지 어떻게 기다릴 것인가……?

투명한 눈가리개 같은 것이 도처에서 그의 모습을 확대해 보여주며, 사랑의 모든 빛을 내 가슴의 불타는 한 지점에 집중시킨다.

아! 기다림은 얼마나 나를 지치게 하는가……!

주여, 행복의 넓은 문을 잠시나마 제 앞에 열어 주소서!

10월 3일

이제 모든 것이 사라져 버렸다. 슬프다! 그는 그림자처럼 내 품에서 빠져나가 버렸다. 그는 여기 있었다. 바로 여기 있었다! 아직도 나는 그를 느낀다. 나는 그를 부른다. 내 손, 내 입술은 어둠 속에서 그를 찾아 헤매지만 허사이다……

나는 기도할 수도 없고 잠잘 수도 없다. 어두운 정원으로 다시 나갔다. 내 방에서나 집 안 어디에서나 나는 무서웠다. 나는 비탄에 빠져 내가 그를 두고 왔던 문까지 가보았다. 당치도 않은 희망을 품은 채 그 문을 다시 열어보았다. 그가 돌아와 있다면! 나는 그를 불렀다. 나는 어둠 속을 더듬어 보았다. 그에게 편지를 쓰려고 집으로 돌아왔다. 나는 이 크나큰 슬픔을 받아들일 수 없다.

대체 무슨 일이 벌어진 것인가? 내가 그에게 무슨 말을 했던가? 무슨 짓을 했던가? 어떤 필요로 그의 앞에서 나의 미덕을 항상 과장하는가? 내 마음 전체가 부인하는 미덕에 무슨 가치가 있는가? 하느님께서 내 입술에 올려놓으신 말씀을 나는 몰래 배반하고 있었다…… 가슴속에 가득 찬 생각들 중 어느 것도 입 밖에 내지 않았다. 제롬! 제롬, 곁에 있으면 마음이 찢어지고, 멀리 떨어져 있으면 내가 죽을 것만 같은 나의 애달픈 연인. 조금 전에 너에게 했던 모든 말 중에서 내 사랑이 한 말만 들어다오.

편지를 찢고, 그런 다음 다시 썼다⋯⋯ 이제 새벽이다. 잿빛의, 눈물에 젖은, 내 생각만큼이나 슬픈 새벽⋯⋯ 농장에서 첫 소리가 들리고, 잠들었던 모든 것들이 다시 삶을 시작한다⋯⋯ "이제 일어나라. 때가 가까이 왔으니⋯⋯."[70]

편지는 부치지 않을 것이다.

10월 5일

제게서 그를 빼앗아 가신 질투심 많은 하느님, 이제 저의 마음도 거두어 가소서. 이제부터는 모든 열정이 제 마음에서 사라져서, 그 어떤 것에도 흥미를 갖지 못할 것이 옵니다. 그러하오니 저 자신의 슬픔의 찌꺼기를 이겨낼 수 있도록 도와주소서. 이 집, 이 정원이 제 사랑을 부추겨 견딜 수 없사옵니다. 저는 오직 당신만을 뵐 수 있는 곳으로 달아나고 싶습니다.

제가 재산으로 소유했던 것들을 당신의 가난한 이들을 위해 처분할 수 있도록 도와주소서. 제가 쉽게 팔 수 없는 퐁그즈마르는 로베르에게 남겨 주도록 하옵소서. 유언장을 써놓긴 했지만 나는 필요한 절차를 거의 모른다. 어제, 나는 공증인과 충분한 얘기를 나누지 못했다, 내 결심을 알아채고 그가 쥘리에트나 로베

---

70 〈마태복음〉 26장 45-46절 참조.

르에게 알릴까 봐 걱정되었기 때문이었다……. 이 일은 파리에 가서 끝마칠 것이다.

10월 10일

너무 지친 상태로 이곳에 도착해 첫 이틀 동안은 자리에 누워 있어야만 했다. 내가 원하지도 않았는데 온 의사는 수술이 필요하다고 말한다. 반대한들 무슨 소용이 있겠는가? 하지만 나는 수술이 겁나고 '다소 기운을 되찾을' 때까지 기다리는 편이 더 낫다는 말로 의사를 쉽게 설득시켰다.

내 이름이나 주소를 밝히지 않았다. 하느님께서 아직 필요하다고 여기실 동안, 나를 받아들이고 나를 보살펴주는 데 어려움이 없도록 충분한 돈을 사무실에 맡겨 놓았다.

이 방은 마음에 든다. 벽은 완벽한 깨끗함 이외에는 다른 장식이 필요가 없다. 거의 기쁠 정도여서 크게 놀랐다. 이제는 삶에서 내가 더 이상 아무것도 기대하지 않기 때문이며, 내가 하느님만으로 만족해야 하며, 그리고 당신의 사랑은 우리의 마음을 모두 차지하실 때에만 비로소 감미롭기 때문이다.

《성경》 이외의 다른 책은 가지고 오지 않았다. 그런데 오늘은 파스칼의 열광적인 흐느낌이 《성경》에서 읽고 있는 말씀보다 내 안에서 더 크게 울린다.

"하느님이 아니시고는 그 어떤 것도 나의 기다림을 채워 줄 수 없다."

오, 무분별한 내 마음이 염원했던 너무나도 인간적인 기쁨이여…… 주여! 당신이 저를 절망케 하신 것이 이 외침을 얻으시기 위함이옵니까?

10월 12일

주님의 나라가 임하시기를! 제 안에 주님의 나라가 임하시길! 그리하여 오직 주님만이 저를 다스리시기를. 저의 모든 것을 다스리시옵소서. 저는 이제 더 이상 제 마음을 당신께 주는 것을 아까워하지 않사옵니다.

나는 몹시 늙은 것처럼 지쳐 있지만, 내 영혼은 이상하리만치 어린애 같음을 간직하고 있다. 나는 아직도 방 안에 있는 모든 것을 정돈해 놓고, 벗어놓은 옷을 머리맡에 잘 개어놓지 않으면 잠들지 못했던 예전의 어린 소녀인 듯하다…….

나는 이렇게 죽음을 맞이하고 싶다.

10월 13일

없애 버리기 전에 나는 일기를 다시 읽어 보았다. "자신이 느끼는 혼란을 털어놓는 것은 품성이 고귀한 자들에게는 합당하지 않다." 이 아름다운 말은 클로틸드 드 보[71]의 것이라 생각된다.

이 일기를 불 속에 던지려는 순간, 일종의 경고 같은 것이 나를 붙잡았다. 이 일기는 더 이상 내 것이 아니다, 나는 제롬에게서 이것을 빼앗을 권리가 없다, 그리고 이 일기를 쓴 것은 오직 그를 위해서였다는 생각이 들었다. 나의 불안이나 의혹도 이제 너무도 어리석게 느껴져, 나는 거기에 아무런 중요성도 부여할 수 없고, 그것들로 인해 그가 고민하리라 생각되지도 않는다. 주여, 저는 도달할 수 없어 단념했던 지고의 덕까지 그를 밀어 올리고자 미친 듯이 갈망했던 영혼의 서툰 표현을 그가 종종 이 일기 속에서 발견할 수 있도록 해주옵소서.

"주여, 제가 다다를 수 없는 그 반석 위로 저를 인도해주소서."[72]

10월 15일
"기쁨, 기쁨, 기쁨, 기쁨의 눈물……."[73]

인간적인 기쁨 너머, 모든 고통의 저편에서, 그렇다, 나는 그 빛나는 기쁨을 예감한다. 내가 다다를 수 없는 반석, 그것의 이름

---

71 프랑스의 실증주의 철학자 콩트에게 영향을 미쳤다고 알려진 젊은 미망인.

72 〈시편〉 61편 2절.

73 파스칼이 개종 후에 옷 속에 꿰매고 다녔다는 문구.

이 행복임을 나는 잘 안다…… 행복에 이르기 위해서가 아니라면 내 모든 삶이 헛된 것임을 나는 깨닫는다…… 아! 주여, 그렇지만 당신은 자신을 버리는 순수한 영혼에게 그 행복을 약속하셨습니다. 당신의 거룩한 말씀에도 있습니다. "이제부터 복이 있도다. 이제부터 주 안에서 죽은 자들은 복이 있도다."[74] 죽을 때까지 저는 기다려야 하나이까? 여기서 제 신앙이 흔들립니다. 주여! 저는 모든 힘을 다해 당신께 부르짖고 있사옵니다. 저는 어둠 속에 있나이다. 새벽을 기다리고 있나이다. 목숨이 다하도록 당신께 부르짖고 있나이다. 제 마음의 갈증을 축여주러 오소서. 저는 당장 그 행복을 갈망하오니…… 아니면, 제가 이미 그 행복을 가졌다고 생각해야 하나이까? 먼동이 트기 전부터 새날을 알리기보다는 새날을 부르는 조급한 새처럼, 저도 어둠이 가시기를 기다리지 않고 노래를 불러야 하옵나이까?

10월 16일

제롬! 나는 너에게 완전한 기쁨을 가르쳐주고 싶다.

오늘 아침, 구토증 발작으로 기진맥진한 상태가 되었다. 그러고 나서 곧바로 너무 쇠약하게 느껴져 한순간 죽었으면 하는 마음이 들었다. 아니다. 처음에는 내 온 몸에 더할 나위 없는 평온

---

74 〈요한 계시록〉 14장 13절.

이 깃들었다. 그러고는 격심한 고통이 나를 사로잡았고, 육체와 영혼이 전율했다. 그것은 내 삶의 환멸을 느끼게 해주는 갑작스러운 '계시'와도 같았다. 끔찍할 정도로 헐벗은 내 방의 벽을 처음 보는 것 같았다. 나는 두려웠다. 지금도 나는 두려움에서 벗어나고 평정을 되찾기 위해 이 글을 쓰고 있다. 오, 주여! 당신을 모독하지 않고 제가 마지막에 이를 수 있게 하여 주옵소서.

나는 다시 일어날 수 있었다. 나는 어린애처럼 무릎을 꿇었다…….

내가 혼자라는 사실을 또 한 번 깨닫기 전에 지금, 빨리 죽고 싶다.

지난해에 나는 쥘리에트를 다시 만났다. 알리사의 죽음을 알려준 그녀의 마지막 편지를 받은 후로 십 년이 넘는 세월이 흘렀다. 프로방스로 여행을 하게 된 기회에 님에 잠시 들렀다. 님의 번화가인 쾨세르로(路)에 위치한 테시에르의 집은 상당히 아름다웠다. 방문을 미리 편지로 알렸지만 문턱을 넘으면서 내 마음은 적지 않게 설레었다.

하녀가 나를 응접실로 안내했고, 잠시 후 쥘리에트가 그곳으로 나를 맞으러 왔다. 마치 플랑티에 이모를 보는 듯한 느낌이었다. 똑같은 걸음걸이, 똑같은 체격, 똑같이 숨이 넘어갈 듯한 친절이었다. 쥘리에트는 대답도 기다리지 않은 채 나의 직업, 파리의 거처, 내가 하는 일, 나의 인간관계 등에 대한 질문을 퍼부었다. 프랑스 남부에는 무슨 일로 왔는지? 테시에르가 나를 보면 무척 기뻐할 텐데 왜 애그비브까지 가지 않으려고 하는 건지……? 그러고 나서 모두의 소식을 전해 주었다. 자기 남편, 아이들, 동생, 그리고 지난번 추수와 불경기 등에 대해 얘기했다…… 나는 로베르가 애그비브에서 살기 위해 퐁그즈마르의 집을 팔았다는 것을 알게 되었다. 또한 지금은 그가 테시에르와 동업을 하고 있어서, 테시에르는 출장을 가거나 특히 거래 쪽에 전념할 수 있게 되었고, 로베르는 포도원에 남아 품종을 개량하고 증산하는 일을 맡고 있다는 것도 알게 되었다.

그동안 나는 과거를 상기시킬지도 모르는 것을 불안한 눈길로 찾고 있었다. 응접실의 새 가구들 중 퐁그즈마르에서 보던 몇몇 가구들을 알아보았다. 하지만 내 마음속에 전율을 일으키는 그 과거를 쥘리에트는 지금은 잊어버렸거나, 아니면 우리의 마음을 다른 데로 돌리려고 애쓰는 것처럼 보였다.

열두 살짜리와 열세 살짜리 사내아이 둘이 층계에서 놀고 있었다. 쥘리에트가 그들을 불러서 내게 인사시켰다. 맏딸 리즈는 자기 아버지를 따라 애그비브에 갔고, 열 살 먹은 또 다른 아들은 산책에서 곧 돌아올 거라고 했다. 쥘리에트가 알리사의 죽음을 알리면서 해산이 가깝다고 했던 아이가 바로 그 아이였다. 그때의 임신은 고통스럽게 끝나 쥘리에트는 그 때문에 한동안

고생했다고 한다. 그런데 그 후로 마음을 고쳐먹은 듯 지난해에 딸을 또 하나 낳았다. 그녀의 말에 따르면 그녀는 다른 애들보다 이 아이를 더 귀여워하는 것 같았다.

"내 방에서 그 애가 자고 있는데, 바로 옆이야. 보러 가" 쥘리에트가 말했다. 그래서 내가 따라가자 그녀가 물었다. "제롬, 편지로는 감히 쓰지 못했지만…… 이 아이의 대부가 되어주지 않겠어?"

"네가 좋다면 기꺼이 승낙하지." 조금 놀란 나는 어린애의 요람으로 몸을 기울이면서 말했다. "그래, 내 대녀의 이름이 뭐야?'

"알리사……" 쥘리에트가 낮은 소리로 답했다.

"이 애는 언니를 좀 닮았어, 그런 것 같지 않아?"

나는 대답 없이 쥘리에트의 손을 꼭 잡았다. 제 어미가 안아 올리자 꼬마 알리사가 눈을 떴다. 나는 아기를 내 팔에 안았다.

"오빠는 좋은 아버지가 될 거야!" 쥘리에트가 웃으려고 애쓰며 말했다. "결혼하기 위해서 무엇을 기다리는데?'

"많은 일들을 잊는 거." 나는 그녀의 얼굴이 빨개지는 것을 보았다.

"곧 잊고 싶은 거는 뭐야?"

"결코 잊고 싶지 않아."

"이리로 와." 좀 더 작고 벌써 어두운 방으로 앞서 들어가면서 그녀가 갑자기 말했다. 그 방의 한쪽 문은 쥘리에트의 방으로 나 있었고, 다른 한쪽 문은 응접실로 나 있었다. "잠시라도 시간이 나면 나는 여기로 피신해. 이 집에서 제일 조용한 방이야. 여기가 삶의 피난처 같은 느낌이 들어."

이 작은 방의 창문은 다른 방들처럼 시끄러운 도시 쪽이 아니라 나무들이 심어져 있는 안뜰을 향해 있었다.

"같이 앉자." 그녀가 안락의자에 앉으면서 말했다. "내가 잘 이해한 것이라면, 오빠는 알리사 언니와의 추억에 충실하게 남아 있으려는 것 같은데."

나는 잠시 대답 없이 있었다.

"아마 그보다는 나에 대한 알리사의 생각에 충실하려는 거겠지…… 아니, 그것 때문에 나를 칭찬할 필요는 없어. 달리 어떻게 할 도리가 없다는 생각이 들어. 내가 다른 여자와 결혼한다고 해도, 나는 그 여자를 사랑하는 척밖에는 할 수 없을 거야."

"아!" 그녀는 별 관심이 없다는 투로 대꾸했다. 그러고는 나에게서 얼굴을 돌려 마치 잃어버린 뭔가를 찾으려는 듯이 바닥으로 고개를 숙였다. "그럼 오빠는 희망 없는 사랑을 그렇게 오래 마음속에 간직할 수 있다고 생각해?"

"그래, 쥘리에트."

"그리고 매일마다 삶의 거센 바람이 불어 닥쳐도 그 사랑이 꺼지지 않으리라고 생각하는 거야……?"

저녁 어스름이 잿빛 조수처럼 밀려와 사물 하나하나를 어둠 속에 잠기게 했고, 그 어둠 속에서 사물들은 되살아나 자신들의 과거를 나지막이 얘기하는 것 같았다. 나는 알리사의 방을 다시 보는 것 같았다. 쥘리에트가 알리사의 가구들을 모두 거기에 모아 놓았던 것이다. 이제 쥘리에트가 내 쪽으로 다시 고개를 돌렸다. 그러나 나는 그녀의 얼굴 윤곽을 분간하기 어려워 그녀가 두 눈을 감고 있는지도 알 수 없었다. 그녀는 대단히 아름다워 보였다. 우리 두 사람은 이제 아무 말없이 있었다.

"자!" 마침내 그녀가 말했다. "이제 우리 깨어나야만 해……"

쥘리에트가 일어서서 한 걸음 내딛더니 옆에 놓인 의자로 힘없이 다시 쓰러지는 것을 보았다. 그녀는 두 손으로 얼굴을 감쌌다. 그녀가 울고 있는 것 같았다…….

하녀가 램프를 들고 들어왔다.

역자 후기

이 작품은 20세기 프랑스를 대표하는 작가 중 한 명인 앙드레 지드(André Gide: 1869-1951)의 *La Porte étroite*를 우리말로 옮긴 것이다. 번역을 위해 갈리마르(Gallirard) 출판사의 플레이야드 총서(La Bibliothèque de la Pléide)로 1958년에 《로망, 레시, 소티, 서정적 작품(Romans, Récits et Soties, Œuvres Lyriques)》이라는 제목으로 출간된 작품집에 실려 있는 《좁은 문(La Porte étroite)》(pp. 493-598)을 저본으로 삼았다.

최근에 가장 잘된 것, 가장 좋은 것 등을 지칭하기 위해 '인생'이라는 접두어가 흔히 사용되곤 한다. 가령, '인생 사진', '인생 영화', '인생 술집', '인생 명언' 등이 그 좋은 예이다. 그런데 1909년에 처음으로 출간된 《좁은 문》은 그야말로 지드의 '인생 작품'이라고 할 수 있다. 지드 자신은 1910년 5월 23일자 일기에서 자기가 지금 죽게 되면 자신의 모든 작품은 《좁은 문》 뒤로 사라지게 될 것이고, 사람들은 이 작품만을 중요하게 여길 것이라고 쓰고 있다. 한마디로 작가 지드의 이름을 떠올리면 곧바로 《좁은 문》이 연상될 정도이다. 물론 그렇다고 해서 《배덕자》, 《지상의 양식》, 《바티칸의 지하도》, 《전원교향곡》, 《사전꾼들》등과 같은 작품들의 완성도가 《좁은 문》에 비해 떨어진다는 것은 결코 아니다. 하지만 《좁은 문》에는 지드의 모든 것, 그의 삶, 그의 종교, 그의 문학의 모든 것이 집약되어 있다고 할 수 있다.

지드의 삶은 19세기 후반에서 20세기 중반에 걸쳐 있다. 그런데 이 시기는 인류의 역사상 가장 변화가 심했던 시기 중 하나에 해당된다. 그중에서 유럽 문화의 오랜 전통의 핵심으로 자리잡은 기독교적 가치의 고수와 그에 대한 이의 제기가 가장 클 것이다. 그로부터 다른 모든 변화, 가령 풍습, 관행, 세계관, 가치관, 정치관, 인생관, 결혼관 등의 변화가 생겨나게 된다. 더군다나 그 시기에 프랑스에서는 세 차례에 걸쳐 세계사적 전쟁이 발발한다. 지드가 태어날 무렵인 1870년에 프랑스와 프로이센 사이에 전쟁이 일어난다. 이 전쟁에서 오랫동안 유럽의 패자로 군림해오던 프랑스가 프로이센에게 패배한다. 프랑스의 국가적 자존심에 금이 간 사건이다. 그 이후 19세기 말에서 20세기 초까지 격렬한 식민지 쟁탈과 제국주의적 팽창이 일어나게 되고, 곧이어 제1차 세계대전이 발발하게 된다. 하지만 종전 후에 맞이한 그리 길지 않은 평화의 시기를 뒤로 하고 인류의 가장 커다란 비극적 사건인 제2차 세계대전이 발발한다. 지드는 그런 모든 변화를 온몸으로 겪었으며, 그런 영향으로 그의 삶은 이른바 '대립적인 것들'의 격렬한 충돌로 요약될 수 있다. 양친의 가문의 영향으로 인한 내면적 대립, 문명과 원시의 대립, 정상과 비정상의 대립, 자유주의와 공산주의의 대립 등이 그 좋은 예에 해당한다. 이 모든 대립이 그의 문학의 주요 자양분이 되었다는 것은 말할 나위가 없다.

그와 같은 대립 중에서도 《좁은 문》에서는 종교적, 이상적 가치와 세속적, 현세적 가치의 대립이 두드러진다. 알리사로 대표되는 엄격한 청교도적 도덕과 현실과의 타협을 모색하고 있는 제롬, 특히 쥘리에트 사이의 대립은 신에게로의 무조건적 귀의, 현세적 사랑, 헌신적인 자기희생, 보상을 바라는 행동, 성스러움, 지상의 행복 등의 주제로 변주되어 《좁은 문》의 긴장도를 높이고 있다. 알리사가 최후로 선택하는 '좁은 문'을 향한 극단적인 삶의 방식을 찬양할 수도 비난할 수도 있을 것이다. 제롬의 비현실적이면서도 성숙하지 못한 사랑을 비난할 수도 있을 것이다. 쥘리에트의 자포자기적 선택을 못마땅한 눈으로 바라볼 수도 있을 것이다. 하지만 한 가지 분명한 것은, 《좁은 문》에서는 알리사가 가는 '좁은 길', 즉 성스러움, 덕성, 지복을 향한 강단 있는 결심, 종교적 전통의 고귀함과 가치를 믿고 따르는 모습에서 여전히 종교에 대한 믿음의 끝자락을 붙잡고 있는 지드의 모습을 확인할 수 있다는 점이다.

《좁은 문》에는 또한 글쓰기 형식이라는 면에서도 지드 문학의 모든 것이 오롯이 담겨 있는 것으로 보인다. 소설의 시대로 불리는 19세기에 유행했던 3인칭 시점의 전통적인 글쓰기에서 벗어나 이 작품에서는 1인칭 중심의 글쓰기가 이루어지고 있다. 제롬의 과거 추억을 회상하기 위한 방식이다. 물론 그런 기법이 지나친 내면의 성찰, 곧 '자아주의(égoisme)'에 빠질 수 있는 가능성, 즉 화자 자신에 대해 객관적인 거리를 충분히 확보하지 못하고 주관적 판단에 함몰될 수 있는 가능성도 없지 않다. 하지만 지드는 '레시(récit)'라고 하는 독특한 문학 장르를 내세워 그것을 극복하고 있다. '레시'는 겉으로는 단순해 보이지만 1인칭 화자가 과거의 추억을 회고담 형식으로 늘어놓으면서 삶 자체의 도덕적 모호함을 드러내는 데 아주 적합한 것으로 알려져 있다. 그와 더불어 지드는 《바티칸의 지하도》와 같은 작품을 '소티(sotie)'로 규정하고 있다. 소티는 중세의 풍자적 소극과 같이 사회 비판에 어울리는 장르로 이해된다. 어쨌든 '레시'는 세계를 '나' 중심의 시각을 보는 개인주의적 성향의 발달과 더불어 시작된 20세기의 초엽의 인간상을 보여주기에는 가장 적합한 장르가 아닌가 한다. 《좁은 문》은 그런 장르의 가장 모범적인 예에 해당되는 것으로 보인다.

그것만이 전부가 아니다. 지드는 그 당시 유행했던 문학 흐름, 즉 상징주의적 기법 역시 빈번하게 사용하고 있다. 작품에 등장하고 있는 소소한 소품들과 요소들(가령, 자수정 십자가, 피아노, 크리스마스트리, 장식 없는 요양원의 벽, 책꽂이, 덧문,

자연 환경, 특히 좁은 문 등)의 미세한 변화에 따라 여러 인물들의 심리 상태가 고스란히 드러나고 있다. 또한 이 작품에서 사용되고 있는 편지 형식의 도입과 일기 형식의 도입 역시 예사롭지 않다. 물론 일기와 편지는 앞서 언급한 1인칭 시점의 글쓰기에서도 아주 효과적인 기법이기도 하다. 20세기 후반에 들어 이른바 인간의 정체성 문제와 관련하여 '자기에 관한 글쓰기(écriture de soi)'에 대한 논의가 자서전 연구와 더불어 심도 있게 이루어졌다. 그런 점을 감안한다면 1909년에 쓰인 《좁은 문》에서 그와 같은 글쓰기 기법이 도입되고 있다는 사실만으로도 놀라운 일인데, 그런 기법이 거의 완벽히 구사되고 있다는 사실은 더욱 놀랍다.

또한 이 작품에는 '상호텍스성(intertextualité)'의 구체적 양상이 잘 드러나 있다. 지드는 《성경》을 비롯해 수많은 문학작품들은 물론이거니와 철학자들의 저작을 인용하고 있다. 단테를 위시해 셰익스피어는 물론, 영국 낭만주의 시인들과 보들레르의 작품에서 수많은 부분이 인용되고 있다. 지드는 또한 파스칼을 비롯해 라이프니츠, 말브랑슈 등과 같은 철학자들의 저서 역시 종종 인용함으로써 《좁은 문》의 격을 한층 더 높이 끌어올리고 있다. 이렇듯 다층적인 글쓰기 양상을 보이고 있는 이 작품은 현대의 문학 이론의 시각으로 보아도 그 현대성이 살아 있는 작품이라고 할 수 있을 것 같다.

《좁은 문》은 또한 지드의 개인적인 삶의 편린이 깊게 투사된 작품으로 보인다. 이 작품은 원래 지드 어머니의 가정교사이자 절친한 친구가 된 애너 섀클턴(Anna Shackleton)이 지드의 나이 14세 때 세상을 떠난 것이 계기가 되어 집필된 것이다. 애너 섀클턴은 《좁은 문》에서 플로라 애슈버턴이라는 인물로 구현되고 있다. 하지만 이 작품의 첫 번째 의도와는 달리 미스 애슈버턴은 이 작품에서 큰 비중을 차지하고 있지는 않다. 그 반면에 이 작품의 이야기는 알리사를 중심으로 전개되고 있다고 해도 과언이 아니다. 실제로 지드는 15세 때 그의 인생의 '새로운 방향'이라고 할 수 있는 외사촌 누이 마들렌 롱도(Madeleine Rondeaux)를 만나게 된다. 그보다 3년 연상이었던 마들렌이 알리사의 모델이다. 지드의 이상적인 여성상에 해당하는 마들렌은 다른 작품에서도 계속적으로 지드의 문학적 영감의 원천이 되고 있다. 가령,《배덕자》의 미르슬린,《전원교향곡》의 아멜리 등이 그 예이다. 지드는 1895년에 마들렌과 결혼한다. 하지만 《좁은 문》에서 제롬은 알리사와 끝내 결혼에 이르지 못한다. 어쨌든 이 작품에는 지드의 삶에서 가장 중요한 사건의 편린이 오롯이 녹아들어 있는 것으로 보인다.

옮긴이와 《좁은 문》의 만남은 꽤 오래 전으로 거슬러 올라간다. 고등학교 시절에 이 작품을 처음으로 읽었던 것으로 기억된다. 알리사와 제롬 사이의 풋풋하면서도 열정적인, 하지만 지나치게 관념적이고 비현실적인 사랑 정도가 주된 관심사였던 것 같다. 그 뒤로 불어를 공부하면서 원서로 그저 스쳐지나가듯 보았던 기억이 있다. 그때 느낌은 그저 문체가 깔끔하다는 정도였다. 그 뒤로 많은 시간의 흘렀고, 불현듯 이 작품을 우리말로 옮겨보면 좋겠다는 마음을 먹고 처음부터 꼼꼼하게 읽으면서 옮긴이는 큰 충격을 받았다. 그 이유는 이 작품에서 볼 수 있는 문체의 높은 수준이었다.

불어책을 우리말로 옮기는 경우에 항상 긴장감이 수반된다. 번역 대상에 따라 긴장감은 다소 차이가 있기는 하다. 하지만 《좁은 문》에서 오는 긴장감이 가장 높았다고 말할 수 있다. 그것은 정확히 이 작품에서 지드가 구사하고 있는 불어의 수준과 문체 때문이었다. 각자의 취향에 따라 다르겠지만, 단언컨대 《좁은 문》이 20세기, 아니 불문학사를 통틀어 가장 수준이 높은 작품 중에 하나라는 것이 옮긴이의 생각이다.

그와 관련하여 하나의 일화를 소개하고자 한다. 이 작품을 번역하는 중에 불문학을 전공하신 다른 선생님과 연락을 주고받을 기회가 있었다. 이 작품의 작품성, 문체, 불어 수준 등에 대해서 찬사를 늘어놓았는데, 그 선생님께서 사진 한 장을 카톡으로 전송해주셨다. 사진에는 어느 호텔 방의 둥근 탁자 위에 놓여 있는 프랑스어본 《좁은 문》이 찍혀 있었다. 그 선생님이 덧붙이신 말씀에 따르면 당신의 지인 중에 그야말로 문학을 좋아하는 분이 계시는데, 그분이 프랑스 여행을 떠나시면서 오직 이 작품 한 권만을 챙겨갔다는 것이었다. 이것은《좁은 문》이 가지고 있는 매력과 멋을 단적으로 보여주는 일화라고 생각된다.

옮긴이 역시 늦게나마《좁은 문》이 가진 그런 매력과 멋에 빠지는 즐거운 시간을 가질 수 있었다. 그런 멋과 맛을 볼 수 있는 기회를 주신 부북스 신현부 사장님께 감사를 드린다. 영어본을 참고하면서 꼼꼼하게 읽어주신 사장님의 열정과 정성에 다시 한 번 깊은 감사의 말씀을 드린다. 인공지능이 대세인 지금, 느리고 굼뜨고 어수룩한 것, 고전적인 것이 자꾸 잊혀져가고 멀어져 가는 세상에서 주옥 같이 빛나는 이 작품을 손에 들고 아련한 첫 사랑의 행복과 아쉬움에 아찔한 전율을 느끼고 계실 독자 여러분의 모습을 즐거운 마음으로 상상하고 있다.

2020. 4.
연구실에서 옮긴이

작가 연보

1869년:　　파리대학교 법과대학 교수인 아버지 폴 지드와 루앙 출신의 어머
　　　　　　니 쥘리에트 롱도의 외아들로 출생.

1877년:　　파리 소재 알자시엔 학교(Ecole alsacienne)에 입학 후에 건강 문
　　　　　　제로 학업을 자주 중단.

1880년:　　아버지 사망. 어머니 밑에서 엄격한 청교도식 교육을 받음.

1889년:　　대학 입학 자격시험 합격.

1891년:　　사촌 누이 마들렌 롱도에 대한 사랑을 주제로 한 첫 작품《앙드레
　　　　　　발테르의 수기》출간.

　　　　　　시인 말라르메가 주도하는 '화요일의 모임'에 참석하면서 상징
　　　　　　주의 운동에 가담.

1895년:　　어머니 사망. 사촌 마들렌 롱도와 결혼.

1896년:　　노르망디 라로크 자치구의 시장이 됨.

1897년:　　《지상의 양식》출간.

1902년:　　《배덕자》출간.

1908년:　　자크 코포, 장 슐룅베르제 등과 함께《누벨 르뷔 프랑세즈
　　　　　　(Nouvelle Revue Française)》를 창간.

1909년:　　《좁은 문》출간.

1914년~1918년: 제1차 세계대전.

　　　　　　《바티칸의 지하도》출간. 반교권주의라는 이유로 공격받음.

　　　　　　친구였던 엘리 알레그레의 아들 마르크와 사랑에 빠져 런던으로

도피했으며, 아내 마들렌은 복수로 작가의 모든 편지들을 불태움.

1919년: 《전원 교향곡》출간.

1924년: 《한 알의 밀알이 죽지 않는다면》출간.

              동성애 소재의《코리동》출간.

1925년: 연인인 시나리오 작가 마르크 알레그레와 프랑스령 적도 아프리
              카 여행.

1926년: 《사전꾼들》출간.

1927년~1928년: 반식민주의의 입장을 강하게 피력한《콩고 기행》(1927)와
              《차드에서의 귀환》(1928) 출간.

1936년: 소련 정부 초청으로 소련을 방문한 뒤 크게 실망하여 환멸감을 고
              스란히 담은《소련에서의 귀환》출간.

1938년: 아내 마들렌 사망.

1939년~1945년: 제2차 세계대전.

              1889년부터 1939년까지 꾸준히 써온《일기》발표(1939).

1946년: 《테세우스》출간.

1947년: 노벨문학상 수상.

1948년: 영국 옥스퍼드대학에서 명예박사학위를 받음.

1950년: 1942년부터 1949년까지의《일기》출간.

1951년: 83세의 나이로 사망.

              사후에 가톨릭교회가 작가의 작품들을 금서목록에 포함(1952).